4. AUFLAGE

Windows PowerShell 5

kurz & gut

Rolf Masuch und Thorsten Butz

O'REILLY®

Rolf Masuch und Thorsten Butz

Lektorat: Alexandra Follenius
Korrektorat: Claudia Lötschert
Herstellung: Susanne Bröckelmann
Umschlaggestaltung: Michael Oréal, www.oreal.de
Satz: III-Satz, www.drei-satz.de
Druck und Bindung: Media-Print Informationstechnologie,
www.mediaprint-druckerei.de

Bibliografische Information Der Deutschen Nationalbibliothek
Die Deutsche Nationalbibliothek verzeichnet diese Publikation in der Deutschen Nationalbibliografie; detaillierte bibliografische Daten sind im Internet über *http://dnb.d-nb.de* abrufbar.

ISBN:
Print 978-3-96009-027-4
PDF 978-3-96010-060-7
ePub 978-3-96010-061-4
mobi 978-3-96010-062-1

Dieses Buch erscheint in Kooperation mit O'Reilly Media, Inc. unter dem Imprint »O'REILLY«. O'REILLY ist ein Markenzeichen und eine eingetragene Marke von O'Reilly Media, Inc. und wird mit Einwilligung des Eigentümers verwendet.

4. Auflage

Wieblinger Weg 17
69123 Heidelberg

5 4 3 2

Windows PowerShell 5

kurz & gut

Inhalt

Windows PowerShell 5 – kurz & gut

Die Windows PowerShell eröffnet Administratoren der Windows-Plattform grundlegend neue Möglichkeiten. Mit der objektbasierten Befehlsshell, der Skriptsprache und zahlreichen Erweiterungen gehen Ihnen vormals mühselige Aufgaben jetzt mit Leichtigkeit von der Hand. Was als Werkzeug zur Automation begann, ist mittlerweile in einigen Fällen die einzige Option zur Konfiguration einer Software oder eines Diensts in Microsofts stetig wachsendem Portfolio. Die PowerShell entwickelt sich langsam aber stetig zur primären Arbeitsumgebung in den Rechenzentren und begründet einen neuen Typus des IT-Spezialisten: Die »DevOps-Bewegung« ist geboren, wie Jeffrey Snover, Vater der PowerShell, die Verschmelzung aus Entwicklung (»Development«) und Administration (»Operations«) gern nennt.

Ein Großteil der Leistungsfähigkeit der PowerShell beruht darauf, dass Sie Zugriff auf leistungsstarke Technologien erhalten: eine einprägsame Skriptsprache, reguläre Ausdrücke, das .NET Framework, Windows Management Infrastructure (MI), Component Object Model (COM), die Registry, integrierte Fernabfragefunktionen und nicht zuletzt Schnittstellen von Softwareherstellern wie VMWare oder Citrix, die schon frühzeitig PowerShell-Erweiterungen in die eigenen Produkte integriert haben.

Dieses Buch führt Sie in die Grundlagen der Befehlsshell und Skriptsprache ein, gibt Ihnen einen Überblick über den Leistungsumfang der verschiedenen PowerShell-Versionen und korrespondierenden Betriebssysteme und bietet eine übersichtliche Referenz über die wichtigsten Aufgaben.

Einleitung

Seit der Veröffentlichung der Windows PowerShell im Jahre 2006 müssen Windows-Administratoren nicht mehr neidisch zu ihren Unix-Kollegen hinüber schielen, wenn diese von der Kommandozeile aus komplexe Administrationsaufgaben über ihre Befehlsshell erledigen. Die PowerShell bietet alles, was von einer modernen Shell erwartet wird, und geht dabei noch einen Schritt weiter.

Anders als bei anderen Shells handelt es sich bei den Ergebnissen der einzelnen Befehle der PowerShell nicht um Text, sondern um Objekte, die Methoden und Eigenschaften besitzen. Die PowerShell arbeitet somit vollständig objektorientiert. Die Arbeit mit Objekten bietet gegenüber den herkömmlichen Shells einen entscheidenden Vorteil: Die Ergebnisse müssen nicht mehr mit einem Textparser durchsucht und aufbereitet werden – ein Vorgang, der gerade bei komplexen Ergebnissen fehleranfällig und umständlich ist.

Versionen und Updatemöglichkeiten

Die erste Version der PowerShell wurde in 2006 als Update für Windows XP, Windows Server 2003 (R2) und Windows Vista veröffentlicht. Seit Windows Server 2008 ist sie integrierter Bestandteil des Betriebssystems Windows. Mit jeder neuen Betriebssystemgeneration veröffentlichte Microsoft seither eine neue Revision der PowerShell, mal mit zahlreichen spektakulären Neuerungen, mal mit granularen Verbesserungen.

TIPP

Die PowerShell baut wesentlich auf dem .NET Framework auf:

PowerShell 1 und 2 erfordern (mindestens) .NET Framework 2.
PowerShell 3 erfordert (mindestens) .NET Framework 4.
PowerShell 4 und 5 erfordern (mindestens) .NET Framework 4.5.
PowerShell 5.1 erfordert (mindestens) .NET Framework 4.6.

Die hieraus resultierenden Versionsabhängigkeiten können zu Inkompatibilitäten mit der von Ihnen verwendeten Software führen. Einige Features der PowerShell können auch eine höhere Version des .NET Frameworks benötigen als die zugrunde liegende PowerShell-Version.

In vielen Fällen kann die PowerShell auf eine neuere Version aktualisiert werden, wobei die Aktualisierung über das Windows Management Framework (WMF) erfolgt, sodass neben der PowerShell weitere Verwaltungskomponenten (WinRM, WMI etc.) auf den jeweils aktuellen Stand gebracht werden.

Tabelle 1: Übersicht der Betriebssysteme mit den jeweiligen PowerShell-Versionen

Betriebssystem	1	2	3	4	5
WS 2008	Integriert	Update	Update		
Windows 7		Integriert	Update	Update	Update
WS 2008 R2		Integriert	Update	Update	Update
Windows 8			Integriert		
WS 2012			Integriert	Update	Update
Windows 8.1				Integriert	Update
WS 2012 R2				Integriert	Update
Windows 10					Integriert
WS 2016					Integriert

Mit der Veröffentlichung von Windows 10 (Build 10240) im Juli 2015 erschien die PowerShell in der Version 5. Dem neuen Paradigma »Windows as a Service« folgend erhielt (und erhält) das Betriebssystem Windows 10 kontinuierliche Aktualisierungen, sodass diese ursprüngliche Version der PowerShell 5 nicht im klassischen Sinn als RTM-Version (»release to manufacturing«) bezeichnet werden kann.

Mit dem sogenannten Windows 10 »November-Update« (Version 1511, Build 10586) gab das PowerShell-Team dem Windows Management Framework (WMF) 5 RTM-Status und bot Updatepakete für ältere Betriebssysteme an. Dieses Update musste aufgrund eines Fehlers in der Installationsroutine jedoch noch einmal zurückgerufen werden. Ende Februar 2016 fand das Update dann seinen Weg zurück in das Microsoft-Download-Center.

Windows 8 kann kostenfrei auf Windows 8.1 aktualisiert werden, ein Update des WMF für Windows 8 wird nicht angeboten.

Mit dem Erscheinen des Windows 10 »Anniversary Updates« (Version 1607) veröffentlichte Microsoft die PowerShell in der Version 5.1 und unterschied erstmalig zwischen einer »Core« und einer »Desktop« Edition. Darüber hinaus kündigte Microsoft an, die PowerShell für alternative Betriebssysteme zu portieren. Mehr dazu lesen Sie im Abschnitt »Die Zukunft: Powershell Core vs. Desktop Edition« auf Seite 10.

Funktionsumfang der PowerShell

Es mag hilfreich sein, sich die PowerShell als Werkbank vorzustellen. An diesem speziellen Arbeitsplatz, der »Shell«, liegen einige Basiswerkzeuge, die »Operatoren«, bereit, die jedoch ohne Werkstoffe, die »Objekte«, wenig Nutzen entfalten. Das Betriebssystem und die installierten Applikationen (einschließlich Anwendungsservern wie Microsoft Exchange, Microsoft System Center etc.) liefern den Programmcode, den Sie schlussendlich mittels PowerShell-Befehlen, den »Cmdlets«, oder eigenen Funktionen ausführen.

Computer mit gleicher PowerShell-Version sind demnach nicht zwingend funktionsgleich.

TIPP

Ein Beispiel: Seit Windows 8 listet Ihnen das Cmdlet *Get-NetAdapter* die Netzwerkschnittstellen des Systems auf. Der Befehl greift dabei auf die (W)MI-Klasse `MSFT_NetAdapter` im Namespace *root/StandardCimv2* zurück.

In Windows 7 ist die Klasse nicht implementiert, der Befehl *Get-NetAdapter* steht Ihnen unabhängig von der installierten PowerShell-Version nicht zur Verfügung.

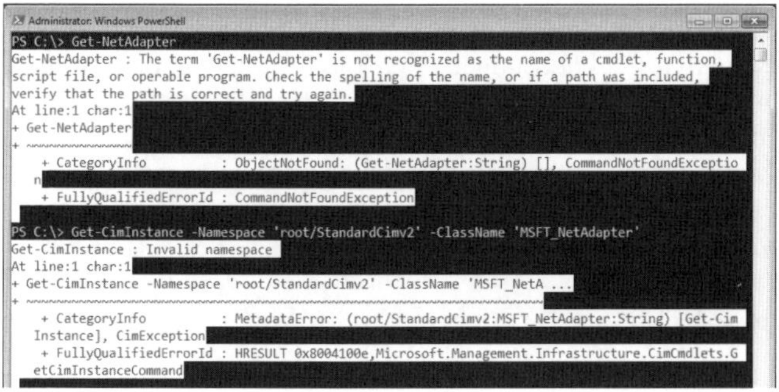

Abbildung 1: »Get-NetAdapter nicht verfügbar (Windows 7)«

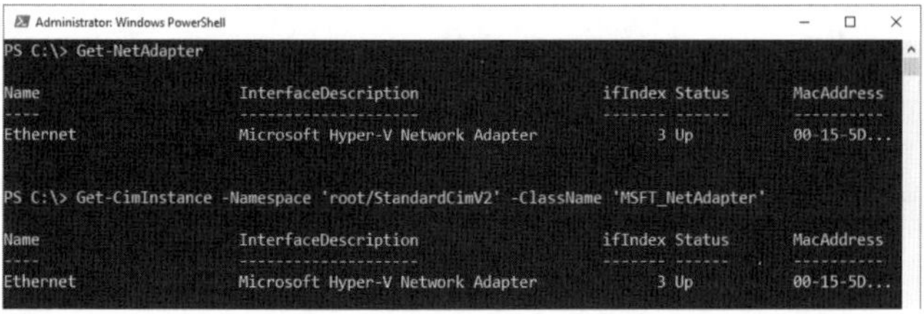

Abbildung 2: »Get-NetAdapter verfügbar (Windows 10)«

Windows-Server-Editionen enthalten zahlreiche Programme, »Rollen und Features« genannt, die nicht zum Funktionsumfang von Windows Clients gehören. Durch die Installation der »Remote Server Administration Tools« (RSAT) ergänzen Sie nicht nur die zur Verfügung stehenden grafischen Verwaltungswerkzeuge, sondern Sie erweitern auch den Funktionsumfang der PowerShell (mehr erfahren Sie im Kapitel *Die PowerShell erweitern* auf Seite 114). Beachten Sie, dass die aktuelle Version der RSAT in der Regel nur für die aktuelle Windows Client-Version zur Verfügung steht. Analog stehen Ihnen bei vielen Applikationsservern eigenständige Installationspakete zur Installation auf dem Client zur Verfügung.

Als Konsequenz sollten Sie zur Administration Ihrer IT stets das aktuellste Windows nutzen, zur Drucklegung dieses Buchs ist dies

Windows 10. Selbst wenn Sie mittels Fernaufrufen ältere Geräte administrieren, profitieren Sie auf Ihrem Administrations-PC vom erweiterten Funktionsumfang der RSAT sowie von den Verbesserungen der Plattform wie z.B. einer leistungsstarken Entwicklungsumgebung, dem »Integrated Scripting Environment« (ISE), oder der Syntaxhervorhebung in der PowerShell-Konsole.

Die Evolution der PowerShell

PowerShell 1

Die erste Version der PowerShell erschien 2006 als Updatepaket und wurde in Windows Server 2008 als optionales Feature integriert.

Die Version 1 kennt einen PowerShell-Host: powershell.exe, auch PowerShell-Konsole genannt. Die 129 Cmdlets bieten nur in wenigen Fällen eine integrierte Fernabfragefunktion.

Zu den Ausnahmen gehört jedoch das wichtige *Get-WMIObject*-Cmdlet, das den Zugriff auf die WMI-Schnittstelle ermöglicht und die PowerShell schon in ihrer ersten Version zu einem sehr nützlichen Alltagsbegleiter werden ließ.

```
Get-WmiObject -Class Win32_LogicalDisk -ComputerName sv1
```

Darüber hinaus ist der direkte Rückgriff auf die Objekte des .NET Frameworks möglich.

Abbildung 3: Die PowerShell 1 in Windows Server 2008

PowerShell 2

Die zweite Version ist integrierter Bestandteil von Windows 7 und Windows Server 2008 R2.

Die Anzahl der Basis-Cmdlets erhöht sich auf 236, zahlreiche Cmdlets bieten nun eine integrierte Fernabfragefunktion. Darüber hinaus verfügt die Version 2 unter der Bezeichnung »PowerShell Remoting« über eine allgemeine Fernabfragefunktion auf Grundlage des modernen »WS-Managements« (WS-Man), einem standardisierten Netzwerkprotokoll auf Basis von Webservices und dem »Simple Object Access Protocol« (SOAP). Mit dem Cmdlet *Invoke-Command* können nun beliebige Befehle auf entfernten Geräten ausgeführt werden, die einen WS-Man-Server bereitstellen.

Als Erweiterungsoption unterstützt die PowerShell nun Module als Alternative zu den PowerShell Snap-ins der ersten Version.

Erstmals steht neben der PowerShell-Konsole ein zweiter Host zur Verfügung: das »Integrated Scripting Environment« (ISE).

PowerShell 3

Die dritte Version, Bestandteil von Windows 8 und Windows Server 2012, wartet mit zahlreichen Neuerungen auf. Auffällig sind die runderneuerte ISE, das Autoloading von Modulen und die aktualisierbare Hilfe (»Updatable Help«).

Die Zahl der integrierten Befehle steigt sprunghaft auf 1.157 (440 Cmdlets, 717 Funktionen), was wesentlich der CDXML-Technologie (»Cmdlet Definition XML«) zu verdanken ist, mit der Cmdlets auf Grundlage von WMI-Klassen weitgehend automatisiert erzeugt werden.

Mit den CIM-Cmdlets (»Common Information Model«) führt Microsoft seine Bemühungen fort, eine standardisierte Verwaltungsschnittstelle zu schaffen, die Fernzugriffe über das moderne WS-Man-Protokoll nutzt. Die vertraute WMI-Technologie, die für den Fernzugriff DCOM (»Distributed COM«) nutzt, bleibt zwar erhalten, wird aber perspektivisch durch ihre modernen Pendants ersetzt.

TIPP

»Standards Based Management«: Unter dem Dach der »Distributed Management Task Force« (DMTF) fördert Microsoft die Entwicklung von Standards zur Verwaltung heterogener IT-Landschaften. So stellt Microsoft einen quelloffenen CIM/WS-Man-Server namens »OMI« für unixoide Betriebssysteme bereit, der den Netzwerkzugriff zwischen Unix- und Windows-Hosts ermöglicht. Im Kontext dieser Entwicklung veröffentlichte Microsoft auch DSC-Erweiterungen für einige Linux-Derivate.

(Mehr zum Thema DSC erfahren Sie im Abschnitt »Desired State Configuration (DSC)« auf Seite 101.)

Weiterführende Informationen erhalten Sie auf diesen Webseiten:

https://collaboration.opengroup.org/omi
https://blogs.technet.microsoft.com/windowsserver/2012/06/28/open-management-infrastructure/

Mit der vereinfachten Syntax kann ab PowerShell 3 in einigen Fällen auf geschweifte Klammern und die »Special Pipeline Variable« *$_* verzichtet werden:

Beispiel 1: klassische Schreibweise (Arraysyntax)

```
Get-Process | Where-Object { $_.Handles -gt 500 }
```

Beispiel 2: vereinfachte Schreibweise (Simplified Syntax)

```
Get-Process | Where Handles -gt 500.
```

PowerShell 4

Mit der Veröffentlichung der vierten PowerShell-Version in Windows 8.1 und Windows Server 2012 R2 standen die Systempflege und Fehlerbereinigung im Mittelpunkt.

Die bedeutsamste Neuerung repräsentiert die »Desired State Configuration« (DSC), mit deren deskriptivem Ansatz Rechenzentren orchestriert werden sollen. Mit dem Schlüsselwort *Configuration* wird in einem PowerShell-Skript ein Sollzustand beschrieben, bei dessen Aufruf eine MOF-Datei erzeugt wird, die mittels *Start-*

DscConfiguration auf einem oder mehreren Computern angewendet wird.

Da DSC im Kern keinerlei Fähigkeiten zur Konfiguration eines Betriebssystems oder einer Applikation bietet, sind sogenannte DSC-Ressourcen erforderlich, die die gewünschte Konfiguration ausführen. Die DSC-Ressource kann über ein Modul zur Verfügung gestellt werden und muss selbst keinen PowerShell-Code enthalten. DSC-Ressourcen stehen auch für Nicht-Windows-Systeme zur Verfügung, wobei der Programmcode zur Konfiguration eines Linux-Hosts beispielsweise in Python geschrieben sein kann.

PowerShell 5

Mit Windows 10 und Windows Server 2016 liefert Microsoft die fünfte Version der PowerShell aus, die zahlreiche spannende Neuerungen enthält.

Die Schlüsselworte *Class* und *Enum* erlauben erstmalig das Erstellen von eigenen Klassen (»Class«) unter Verwendung eigener Datentypen (»Enum«), was das Erstellen eigener DSC-Ressourcen vereinfacht und die PowerShell syntaktisch näher an objektorientiere Hochsprachen wie C# rücken lässt.

Wie üblich enthält die aktualisierte Version eine Reihe neuer Cmdlets, unter denen *ConvertFrom-String* und *Convert-String* hervorstechen. Die Cmdlets konvertieren Zeichenketten auf Grundlage von Beispielen, die der Anwender vorgibt. Die Befehle basieren auf regulären Ausdrücken, befreien den Administrator jedoch davon, diese oftmals schwer zu definierenden Suchmuster selbst zu erstellen.

Die neuen Module *PowerShellGet* und *PackageManagement* ermöglichen das Nachladen und Installieren von Software. So erhält man über Find-Module und Install-Module (Modul *PowerShellGet*) auf einfache Weise Zugriff auf die PowerShell Gallery und weitere, selbst zu konfigurierende, Repositories. Mit den Cmdlets *Find-Package* und *Install-Package* installiert man analog Softwarepakete. Beide Module erfordern einen NuGet-Provider (basierend auf *nuget.exe*), der bei der ersten Verwendung heruntergeladen werden kann.

TIPP

Die PowerShell Gallery ist eine von Microsoft betriebene Plattform zum Bereitstellen von Erweiterungen für die Windows PowerShell (*https://www.powershellgallery.com*). Die dort angebotenen Lösungen werden auf Schadsoftware geprüft, bevor sie öffentlich zugänglich gemacht werden. Nach einer längeren Preview-Phase ist sie seit Februar 2016 offiziell freigegeben.

Mit »Just Enough Admin« (JEA) erweitert Microsoft in PowerShell 5 die Technologie der »Constrained Endpoints« um ein Rollenmodell zur (Fern-)Administration mittels virtueller Administratorenkonten und spezifischer Endpunkte. Startet ein nicht privilegierter Anwender eine (Remote-)Session, können ihm spezifische, weiterführende Rechte zugewiesen werden.

Die vielleicht auffälligste Neuerung ist im Kern keine Neuerung der PowerShell 5, sondern des zugrunde liegenden Betriebssystems: Mit Windows 10 und Windows Server 2016 stellt Microsoft erstmals seit Jahren ein signifikantes Update der Konsolen-Applikation zur Verfügung. Sowohl in *cmd.exe* als auch in *powershell.exe* lässt sich die Größe der Konsole mit einfachem Ziehen verändern, wobei der angezeigte Text automatisch umgebrochen wird. Der Konsolenhintergrund lässt sich granular transparent schalten, und die systemweit üblichen Tastenkombinationen zum Kopieren und Einfügen (Strg + C, Strg + V) funktionieren nun endlich auch in der Konsole.

Die Zukunft: Powershell Core vs. Desktop Edition

Im Juni 2016 veröffentlichte Microsoft .NET Core 1.0 für Windows, Linux und macOS eine modulare Neuentwicklung, die eine Teilmenge des weiterhin verfügbaren »vollständigen« .NET Frameworks bereitstellt. Im August 2016 folgte die Veröffentlichung des Quelltextes der PowerShell unter der MIT Lizenz. Zeitgleich gab man bekannt, dass die PowerShell zukünftig auch für alternative Betriebssysteme (Linux, macOS) verfügbar sein wird. Basis dieser Implementierung ist die oben genannte plattformübergreifende .NET Core CLR (*Common Language Runtime*).

Windows Server 2016 erlaubt eine miniaturisierte Installation namens *Nano-Server*, die ebenfalls jene .NET Core CLR unterstützt, nicht aber das vollständige .NET Framework, das in allen anderen Installationsoptionen unter Windows integriert ist. Diese funktional beschränkten Spezialversionen der PowerShell bezeichnet Microsoft als *Core Edition*.

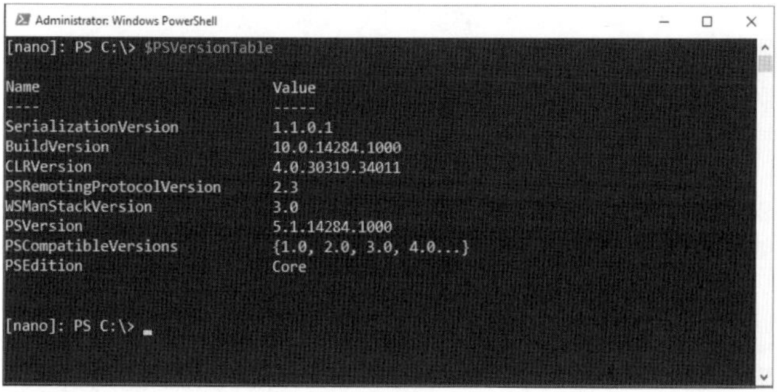

Abbildung 4: PowerShell 5.1 »Core Edition«

Mit dem Erscheinen von Windows 10 Version 1607, dem »Anniversary Update«, und Windows Server 2016 erhält die PowerShell erstmals eine Unterversion, die neben Fehlerkorrekturen auch eine Unterscheidung zwischen eben jener »Core Edition« und der vertrauten Variante, zukünftig »Desktop Edition« genannt, einführt: die PowerShell 5.1.

Das Update auf WMF 5.1 unterstützt die gleichen Betriebssysteme wie auch WMF 5.0.

Weiterführende Informationen über Microsofts OpenSource-Strategie und »PowerShell on Nano Server« finden Sie unter den nachfolgenden Links:

https://technet.microsoft.com/en-us/library/mt671124(v=ws.12).aspx
https://azure.microsoft.com/en-us/blog/powershell-is-open-sourced-and-is-available-on-linux/

Die PowerShell als Sprache

Die PowerShell kennt eine Reihe von ausführbaren Befehlen: Cmdlets (*Get-Process*), Aliasse (*ps*), Funktionen (*mkdir*), Ausdrücke (2+2), externe Programme (*ipconfig.exe*) sowie Dateinamen (*notiz.txt*, *skript.ps1*), wobei im letztgenannten Fall die verknüpfte Anwendung gestartet und das Dokument geladen wird, analog zu dem Verhalten in der klassischen Eingabeaufforderung.

HINWEIS

Die Dateinamenserweiterung **.ps1* lässt keinen Rückschluss auf die zugrunde liegende PowerShell-Version zu. Mit der Anweisung `requires` im Kopf einer Skriptdatei lassen sich Versionsanforderungen definieren.
Mehr dazu verrät *Get-Help about_Requires*.

Cmdlets

Das Herz der Skriptsprache PowerShell sind die sogenannten *Cmdlets* (gesprochen: »Commandlets«). Die Implementierung der Cmdlets erfolgt als spezialisierte .NET-Klassen oder als erweiterte Funktionen (»Advanced Functions«, auch »Script Cmdlets« genannt), die zur Laufzeit innerhalb der PowerShell instanziiert und aufgerufen werden. Eine Übersicht über die Ihnen zur Verfügung stehenden Cmdlets erhalten Sie mit *Get-Command*.

Cmdlets bestehen aus zwei Teilen, einem Verb und einem Substantiv, die durch einen Bindestrich miteinander verbunden sind. Diese Zusammensetzung der Cmdlets aus einer Verb-Substantiv-Syntax mag am Anfang etwas ungewohnt sein, aber Sie werden gerade zu Beginn Ihrer Arbeit schnell feststellen, dass diese strikte Syntax Ihnen dabei hilft, sich in die PowerShell und ihre Befehle einzuarbeiten. Eine Übersicht über die in der PowerShell zugelassenen Cmdlet-Verben finden Sie im Referenzteil dieses Buchs ab Seite 129.

```
Get-Process
Get-Process -name powershell
Get-ChildItem
Get-ChildItem -Path C:\Windows -filter *.xml -Recurse
```

Je nach Zweck des jeweiligen Cmdlet hat es einen oder mehrere Parameter. Sie übergeben dem Parameter einen Wert und modifizieren so die Wirkungsweise des Cmdlet. So gibt der Aufruf `Get-ChildItem` ohne Parameter alle Dateien und Ordner des aktuellen Verzeichnisses zurück. Wird zusätzlich der Parameter `-Filter *.xml` angegeben, werden nur XML-Dateien angezeigt.

Eine besondere Form der Parameter sind Schalter, sogenannte *Switches*. Ihre Aufgabe ist es, Funktionen der Cmdlets zu aktivieren oder zu deaktivieren. Im vorherigen Beispiel kann unter Verwendung des Schalters `-Recurse` die Suche auf die Unterordner ausgedehnt werden. Schalter funktionieren also durch Hinzufügen oder Weglassen und benötigen keinen Wert.

Wenn der Aufruf eines Parameters wie oben über den Namen erfolgt, ist es unerheblich, an welcher Stelle sie nach dem Cmdlet angegeben werden. Weiterhin können Sie den Parameternamen auch abkürzen. Er kann auf bis zu einem einzelnen Buchstaben abgekürzt werden, solange er eindeutig innerhalb der Parameter des Cmdlet angesprochen wird. In dem Beispiel mit `Get-ChildItem` können Sie `-Filter` maximal bis auf `-Fi` abkürzen, da es einen weiteren Parameter mit dem Buchstaben F beginnend gibt: `-Force`.

Die PowerShell kann auch ohne Angabe des Parameternamens, also allein durch eine Reihe von Werten, eine Zuordnung vornehmen. Dieser sogenannte *positionale Ansatz* erwartet die Angaben in einer festgelegten Reihenfolge. Wenn diese Reihenfolge eingehalten wird, ordnet die PowerShell die übergebenen Werte den Parametern nach ihrer Position zu.

```
Get-Process powershell
Get-ChildItem C:\Windows *.xml -r
```

Welche Parameter das jeweilige Cmdlet hat und in welcher Reihenfolge diese genutzt werden können, erfahren Sie über die Hilfe zum Cmdlet durch den Aufruf `Get-Help -Parameter *`.

Cmdlets arbeiten mit Objekten, diese bekommen sie also entweder übergeben und verarbeiten sie weiter, oder sie geben das Ergebnis ihrer Arbeit als Objekte an andere Cmdlets weiter. Dabei wird jedes Objekt individuell verarbeitet. Die Mächtigkeit der Sprache und dieser Implementierungsart kommt im Speziellen bei der Arbeit in der Pipeline zum Tragen.

TIPP

Die PowerShell ergänzt das fehlende *Get*, wenn kein anderer ausführbarer Ausdruck gleichen Namens gefunden wird. So wird *process* zum Synonym für *Get-Process*.

Cmdlets sind also die spezialisierten Werkzeuge auf der Werkbank des Administrators. Eine Liste ausgewählter Cmdlets finden Sie im Anhang. Je nach installierter Rolle oder zusätzlichen Serverprodukten wird die Liste der zur Verfügung stehenden Cmdlets deutlich länger werden.

TIPP

Erzeugen Sie eine Liste der Cmdlets auf Ihrem lokalen Computer mit dem folgenden Befehl:

```
Get-Command -CommandType Cmdlet | ForEach-Object {
  Get-Help $_.name -Category Cmdlet } | Format-Table name,
    synopsis -AutoSize | Out-File 'C:\Foo\CmdletSynopsis.txt'
```

Aliasse

Lesbarkeit und Entdeckbarkeit stehen bei der Namensgebung der Cmdlets im Vordergrund. Wenn Sie darüber hinaus Parameter benennen und auf Abkürzungen verzichten, machen Sie es Ihren Kollegen leicht, die Befehlsfolge nachzuvollziehen.

Ihre Befehle können durch die Verwendung von Aliassen aber auch dramatisch verkürzt werden.

```
ps powershell
ls C:\Windows *.xml -r
```

Ihnen wird auffallen, dass diese Befehle zu den gleichen Ergebnissen führen wie die vorhergehenden Beispiele. Offenkundig ist *ps* ein Pseudonym (»Alias«) für *Get-Process*, *ls* ein Pseudonym für *Get-ChildItem*. Sie können mittels *Get-Alias* und *Get-Command* Aliasse finden und mit *New-Alias* eigene Pseudonyme definieren.

```
Get-Alias
Get-Command -CommandType Alias
Get-Alias -Definition Get-ChildItem
New-Alias gh Get-Help
```

Wenn Aliasse verkürzte Parameternamen und den positionalen Ansatz kombinieren, werden Ihre PowerShell-Befehle schnell zum Geheimcode für Außenstehende.

TIPP

Übertragen Sie die nachfolgende Befehlskette in eine Langform:

```
ps | sort Handles -des | select -f 10
```

Provider

In der PowerShell stellen Ihnen die Provider den Zugriff auf Daten sicher. Dabei wird zwischen Daten in hierarchischer und Daten in tabellarischer Struktur unterschieden. Die Provider für den Zugriff auf hierarchische Daten sind das Dateisystem, die Registry, der Zertifikatsspeicher und WS-Man. Für den Zugriff auf tabellarische Daten stehen die Provider *Alias*, *Environment*, *Function* und *Variable* zur Verfügung. Eine Liste der installierten Provider bekommen Sie mit dem Cmdlet *Get-PSProvider*.

```
Name         Capabilities                   Drives
----         ------------                   ------------
Registry     ShouldProcess, Transactions    {HKLM, HKCU}
Alias        ShouldProcess                  {Alias}
Environment  ShouldProcess                  {Env}
FileSystem   Filter, ShouldProcess,
             Credentials                    {C, D, E, Y...}
Function     ShouldProcess                  {Function}
Variable     ShouldProcess                  {Variable}
Certificate  ShouldProcess                  {cert}
WSMan        Credentials                    {WSMan}
```

Die Ausgabe (im Beispiel Windows 10) kann je nach installierter Software auf Ihrem Rechner variieren.

Alle Provider haben ein gemeinsames Navigationsparadigma. Es beginnt damit, dass Sie über die Provider Laufwerke verbinden und mit dem aus dem Dateisystem bekannten Befehl `cd:` auf das jeweilige Laufwerk wechseln können. Vergessen Sie dabei bitte den Doppelpunkt nicht. Den Namen des Laufwerks können Sie der Spalte »Drives« in der obigen Tabelle entnehmen und sich über das Cmdlet *Get-PSDrive* auch eine ausführliche Liste anzeigen lassen. Wie im Dateisystem können Sie dann bei den hierarchischen Providern mit dem Befehl `cd` zwischen den einzelnen Elementen vor- und zurücknavigieren. Dabei ist `cd` ein Alias für das Cmdlet *Set-Location*.

Sie können mit dem Cmdlet *New-PSDrive* auch weitere Laufwerke unter Angabe des zukünftigen Namens, des Providers sowie der zu verwendenden Root verbinden. Das anzugebende Verzeichnis für Root muss dazu bereits existieren und kann auch eine Netzwerkfreigabe sein.

Das folgende Beispiel zeigt einen derartigen Aufruf:

```
New-PsDrive -Name MyPSFolder-PsProvider FileSystem -Root C:\data
```

Speziell für dieses Cmdlet ist der Schalter `-Persist` zum dauerhaften Verbinden des Laufwerks interessant, der in der PowerShell 3 neu eingeführt wurde. `-Persist` funktioniert nur mit freigegebenen Netzwerkordnern. Damit ist die Lücke zu `net use` geschlossen, mit dem bislang Netzwerklaufwerke einfach und dauerhaft verbunden werden konnten. Sofern Sie nicht in einem anderen Sicherheitskontext arbeiten, wird das Laufwerk auch im Windows-Explorer angezeigt und bleibt verbunden, auch wenn die PowerShell-Session geschlossen wird.

Der neue Aufruf sieht dann so aus:

```
New-PsDrive -Name E -PsProvider FileSystem -Root \\sv1\data
   -Persist
```

Neben der Bereitstellung von Laufwerken und dem damit verbundenen Zugriff auf die darin enthaltenen Daten stellen die einzelnen Provider ggf. auch spezielle Cmdlets für die Arbeit mit genau diesen Daten bereit. Diese Cmdlets können dann natürlich nicht für die Arbeit mit anderen Daten, genauer gesagt: Objekten, verwendet werden. Als ein Beispiel sei das Cmdlet *Get-PfxCertificate* genannt. Es kann nur zum Abruf von Informationen über PFX-Zertifikatsdateien genutzt werden. Im Dateisystem können Sie dieses Cmdlet nicht sinnvoll nutzen.

TIPP

Seit Windows 8/Windows Server 2012 können Sie alternativ das Cmdlet *New-SmbMapping* verwenden, das sich jedoch im Zusammenspiel mit dem Windows-Explorer als fehlerhaft erweist: Sie sehen erst nach einem Neustart des Explorer-Prozesses das neue Laufwerk. Probieren Sie es aus!

```
New-SmbMapping -LocalPath E: -RemotePath \\sv1\data -persistent
Get-Process -name explorer | Stop-Process
```

Die Pipeline

Die Pipeline ist eines der grundlegendsten Elemente der PowerShell. Über den Pipeline-Operator »|« werden Objekte zwischen Cmdlets übergeben. Die Ausgabe des ersten Cmdlet wird also zur Eingabe des zweiten Cmdlet. Dabei kann es sich um ein einzelnes Objekt oder um eine Vielzahl von Objekten handeln. Genau dieses Prinzip unterscheidet die PowerShell von anderen Shells, wie man sie ggf. von Unix kennt. Während dort auf der Basis von Text Informationen aus einem Verarbeitungsschritt über die Pipeline an den nächsten Befehl übergeben werden, sind es bei der PowerShell typisierte Objekte auf der Basis des .NET Frameworks. Eine komplexere Analyse des übergebenen Texts unter eventueller Berücksichtigung nationaler Zeichensätze kann somit entfallen. Sogar die Konstruktion eigener Objekte ist möglich.

```
Get-Process |
  Where-Object {$_.handles -gt 500} |
    Sort-Object -property handles |
      Format-Table -property name,handles
```

Das Prinzip des Förderbands wird häufig genutzt, um die Arbeitsweise der Pipeline zu verdeutlichen. Bei dem oben genannten Beispiel wird zuerst eine Liste der aktuellen Prozesse ermittelt. Diese Objekte werden dann über die Pipeline an das nächste Cmdlet *Where-Object* übergeben. Dieses Cmdlet verarbeitet einen Skriptblock `{...}`, der ihm angibt, nach welchen Kriterien es die Objekte zu behandeln hat. Dieser »Filter« analysiert jedes der übergebenen Objekte auf die Eigenschaft »Handles« und darauf, ob der Wert über 500 liegt. Die Objekte, auf die das zutrifft, werden ihrerseits wieder über die Pipeline an das nächste Cmdlet übergeben. Das Cmdlet *Sort-Object* sammelt nun alle verbleibenden Objekte ein und sortiert sie anhand der Eigenschaft `handles`. Die fertige Liste wird jetzt an *Format-Table*, das letzte Cmdlet der Pipeline, übergeben, das dann die Namen der Prozesse zusammen mit der Information *Handles* ausgibt.

Dabei wird schnell klar, dass das Cmdlet *Where-Object* die Objekte sofort nach der Übergabe analysieren und weitergeben kann, während *Sort-Object* erst alle Objekte übergeben bekommen muss, um eine nach Namen sortierte Liste ausgeben zu können.

Wenn Sie die Arbeitsweise der Pipeline näher betrachten, werden Sie feststellen, dass Sie sehr leicht Leistungssteigerungen in Ihre eigenen Skripte einbauen können. Da sich letztendlich alles im Arbeitsspeicher abspielt, ist es effektiver, bereits beim ersten Cmdlet einen Filter zu verwenden, um gleich die Anzahl der zu verarbeitenden Objekte gering zu halten, anstatt beispielsweise erst alle Dateien und Ordner auszugeben, um danach durch ein zweites Cmdlet die XML-Dateien herauszufiltern. Ein entsprechendes Beispiel finden Sie im Abschnitt »Cmdlets« auf Seite 12.

TIPP

Vermeiden Sie es, mitten in Ihren Arbeitsschritten das Cmdlet *Sort-Object* zu verwenden, weil die Verarbeitung der einzelnen Objekte dadurch verzögert wird.

Das Hilfesystem

```
Get-Process -?
Get-Help -Name Get-Process -Detailed
Get-Help -Name Get-Process -Full
Get-Help -Name Get-Process -Parameter *
Get-Help -Name Get-Process -Examples
Get-Help -Name Get-Process -Online
help Get-Process -Examples
```

```
man Get-ChildItem -Parameter *
man * -parameter computername
help about
help operator
```

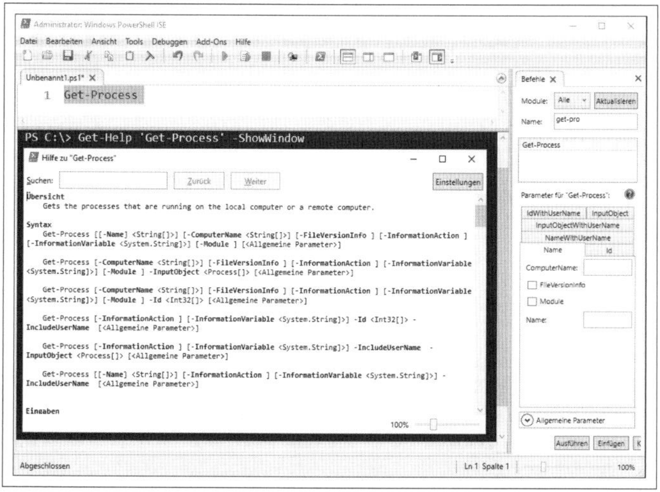

Abbildung 5: Die Hilfefunktion der ISE nutzen

TIPP

Setzt man die Hilfe geschickt ein, ist man oftmals überraschend schnell am Ziel. Suchen Sie doch mal nach allen Cmdlets mit integriertem Fernzugriff:

```
help * -parameter computername
```

Aktualisierbare Hilfe

Mit der PowerShell 3 wurde die Möglichkeit geschaffen, die installierte Hilfe zu aktualisieren. Das entsprechende Cmdlet ist *Update-Help*. Starten Sie dazu die PowerShell als Administrator und stellen Sie sicher, dass Ihr Rechner mit dem Internet verbunden ist. Beim ersten Aufruf der Hilfe mit erweiterten Rechten bietet das System die Aktualisierung automatisch an.

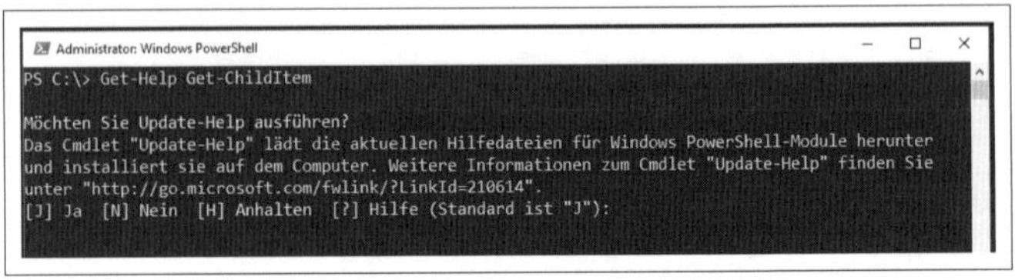

Abbildung 6: Aktualisierung erforderlich: Update-Help

Sollten Sie die Aktualisierung mehrfach kurz hintereinander durchführen wollen, müssen Sie den zusätzlichen Schalter `-force` verwenden. Anderweitig wird die Hilfe nur nach Ablauf von 24 Stunden aktualisiert.

```
Update-Help -UICulture en-US -force
```

TIPP

Idealerweise orchestrieren Sie Ihre IT von einem zentralen Administrations-PC, Ihrem eigenen Windows 10 Client. Die intensive Nutzung eines RDP-Clients versprüht im Kontext der Windows PowerShell wenig Charme. Anstelle dessen nutzen Sie die Remotingfunktionen der PowerShell, um die verschiedenen Server und Dienste in Ihrem Netzwerk zu administrieren. Vor diesem Hintergrund ist es nicht erforderlich, die Hilfe auf zahlreichen Computern herunterzuladen. Ihr Administrations-PC sollte die Hilfedateien vorhalten, Ihre Server benötigen diese in der Regel nicht.

Erweiterungsmöglichkeiten

Bereits in der Version 1 der PowerShell konnten Erweiterungen in der Form von Snap-ins hinzugefügt werden. Mit der Version 2 sind diese Möglichkeiten durch die Module vereinfacht worden. Langfristig wird die Unterstützung für Snap-ins entfallen.

Snap-ins

Die PowerShell bietet die Möglichkeit, Erweiterungen über Snap-ins zu laden. Der Umfang der Erweiterung richtet sich nach dem, was der Hersteller in sein Softwarepaket integriert hat. Es können einzelne Cmdlets, aber auch eine ganze Sammlung von Cmdlets und ein eigener Provider sein.

Um neue Snap-ins auf dem eigenen Rechner verwenden zu können, ist normalerweise zuerst eine eigene Installationsroutine des Softwareherstellers zu durchlaufen. Durch diese werden die entsprechenden Libraries, die in Form von DLLs vorliegen, auf dem Rechner registriert. Hierzu werden in der Regel administrative Rechte benötigt.

Um die Analogie der Cmdlets als einzelne Werkzeuge weiter auszubauen, ergänzen wir die Werkstatt durch die Installation weiterer Snap-ins um ein ganzes Regal. Noch können die Werkzeuge jedoch nicht eingesetzt werden. Sie müssen in einem weiteren Schritt der PowerShell bekannt und zugänglich gemacht werden. Dazu stehen Ihnen einige speziell diesem Zweck dienende Cmdlets zur Verfügung. Sie können sie sich mit dem Befehl `Get-Command -pssnapin` anzeigen lassen. Das Ergebnis sollte folgendermaßen aussehen:

```
CommandType    Name               Version    Source
-----------    ----               -------    ------
Cmdlet         Add-PSSnapin       3.0.0.0    Microsoft.
                                             PowerShell.Core
Cmdlet         Get-PSSnapin       3.0.0.0    Microsoft.
                                             PowerShell.Core
Cmdlet         Remove-PSSnapin    3.0.0.0    Microsoft.
                                             PowerShell.Core
```

Jedes der Cmdlets erwartet, einen Namen übergeben zu bekommen. Sie können sich die Liste der zur Verfügung stehenden Snap-ins mit dem Befehl `Get-PSSnapin -Registered` anzeigen lassen. Hier schließt sich schon der Kreis zu den obigen Erläuterungen. Nur wenn eine Installation die entsprechenden Dateien auf dem System installiert und registriert hat, wird sie durch den eben genannten Befehl angezeigt. Die Namen der Snap-ins unterliegen der Nomenklatur des entsprechenden Herstellers und können unter Umständen sehr lang sein oder sogar mehrere Punkte enthalten.

Nachdem Sie den Namen der installierten Erweiterung ermittelt haben, können Sie für Ihre aktuelle Sitzung (Ihre im Moment offene Shell) mit dem Cmdlet *Add-PSSnapin* unter Angabe des Namens die zusätzlichen Cmdlets einbinden. Mit dem Cmdlet *Remove-PSSnapin* können Sie sie aus der aktuellen Sitzung entfernen.

Um die Erweiterung wieder von Ihrem System zu entfernen, müssen Sie, wiederum mit administrativen Rechten, die Deinstallation der entsprechenden Software über die Installationsroutine des entsprechenden Herstellers durchführen.

Module

Mit der Version 2.0 der PowerShell wurde das Prinzip der *Module* eingeführt. Module können, wie Snap-ins, einzelne Cmdlets, ganze Sammlungen von Cmdlets oder sogar einen eigenen Provider enthalten, aber auch Funktionen, eigene Typdefinitionen bzw. andere Erweiterungen. Die entsprechende Dokumentation sollte dazu Hinweise und eine Anleitung enthalten.

Anders als Snap-ins müssen Module nicht auf dem Weg einer Installation auf dem Rechner bereitgestellt werden, sondern können durch einfaches Kopieren in den entsprechenden Modulordner verteilt werden. Dazu werden nur teilweise administrative Rechte benötigt.

Auf Ihrem System können Sie den Pfad zu den einzelnen Modulordnern aus einer Umgebungsvariablen auslesen. Das geschieht durch Eingabe des Befehls `$env:PSModulePath`. Das Ergebnis sollte folgendermaßen aussehen:

```
C:\Users\<Benutzername>\Documents\WindowsPowerShell\Modules;
C:\Program Files\WindowsPowerShell\Modules;
C:\Windows\system32\WindowsPowerShell\v1.0\Modules
```

Diese Variable enthält die Pfade zum persönlichen Modulordner des angemeldeten Benutzers sowie zu den systemübergreifenden Modulordnern innerhalb der Windows-Ordnerstruktur. Lassen Sie sich dabei durch den Ordnernamen *v1.0* nicht irritieren. Dieser wurde aus Kompatibilitätsgründen beibehalten.

Wenn Sie ein Modul nur für den angemeldeten Benutzer bereitstellen wollen, reicht es aus, den gesamten neuen Modulordner in dessen persönlichen Modulpfad zu kopieren. Module für alle Benutzer sollten Sie in einen der systemweiten Pfade hineinkopieren. Hierzu benötigen Sie administrative Rechte.

Dieser Schritt entspricht der Installation der herstellerspezifischen Software bei Snap-ins.

Für die Nutzung der auf diesem Wege bereitgestellten Module stehen Ihnen eigene Cmdlets, vergleichbar mit den Cmdlets der Snapins, zur Verfügung. Aufgelistet bekommen Sie sie mit dem Befehl `Get-Command -name` **`-module`** `-CommandType Cmdlet`.

```
Export-ModuleMember
Get-Module
Import-Module
New-Module
New-ModuleManifest
Remove-Module
Test-ModuleManifest
```

Wie schon bei den Snap-ins können Sie nun zur Laufzeit Ihrer Session dynamisch Module laden. Dazu dient das Cmdlet *Import-Module*. Es benötigt einen Modulnamen, um funktionieren zu können. Sie können diesen mithilfe des weiteren Cmdlet *Get-Module* und seinem Parameter `-ListAvailable` angezeigt bekommen. Natürlich ist das dynamische Entladen von Modulen auch sehr einfach über das Cmdlet *Remove-Module* möglich.

Eine ausdrückliche Deinstallation von Modulen gibt es nicht. Hier reicht es, den entsprechenden Modulordner einfach aus dem Dateisystem zu löschen.

Mit dem Cmdlet *Get-Module* können Sie leicht überprüfen, welche Module bereits geladen sind. Gerade bei Skripten mit Abhängigkeiten zu diesen Modulen sollten Sie diese Überprüfung durchführen. Sollte Ihnen der einfache Aufruf von *Get-Module* kein Ergebnis zurückliefern, ist in der aktuellen Session kein Modul geladen. Für Ihre Skripte bietet es sich deshalb an, die folgende Überprüfung zu nutzen. Dabei wird davon ausgegangen, dass das Modul auf dem Rechner verfügbar ist.

```
if (!(Get-Module -Name MyModule)) {Import-Module MyModule}
```

Autoloading

Die Version 3.0 der PowerShell verändert das Ladeverhalten von Modulen grundlegend. Alle in den Modulpfaden enthaltenen Module werden automatisch geladen, sobald eines der Cmdlets verwendet wird. Dadurch entfällt die Notwendigkeit, sich zu merken, in welchem Modul welche Cmdlets enthalten sind. Sollten Sie das Cmdlet *Get-Command* mit dem * als Platzhalter nutzen, z.B. *Get-Command *disk**, wird im sogenannten *Discovery-Modus* gearbeitet. Dabei werden die Module nur nach passenden Cmdlets durchsucht, aber nicht geladen.

Über die Variable `$PSModuleAutoloadingPreference` können Sie das Ladeverhalten von Modulen steuern. Mehr zu Modulen finden Sie in der Hilfe zu den Modulen: `Get-help about_modules`.

TIPP

Achten Sie bei der Verwendung von Snap-ins und Modulen darauf, Ihre aktuelle Session nicht zu stark durch zu ladende Komponenten im Start und während der Laufzeit zu verlangsamen. Lassen Sie das eine oder andere Werkzeug so lange im Regal, bis Sie es auch wirklich benötigen.

Allgemeine Anpassungsmöglichkeiten

Wenn Sie Ihre tägliche Arbeit noch effektiver gestalten möchten, bietet Ihnen die PowerShell eine Reihe von Möglichkeiten, mit denen Sie sie individuell an Ihre Bedürfnisse anpassen können. In den folgenden Abschnitten erfahren Sie unter anderem, wie Sie das Konsolenfenster der PowerShell konfigurieren und effektiv einsetzen, wie Sie sich ein eigenes Profil einrichten, das bei jedem Start der PowerShell automatisch geladen wird, und wie Sie die Eingabeaufforderung an Ihren Bedürfnissen ausrichten.

Konsoleneinstellungen

Die Benutzerschnittstelle der Windows PowerShell bietet mehrere Funktionen, durch die Ihre Arbeit mit der Shell noch effizienter werden kann.

Passen Sie die Fenstergröße an

Gehen Sie in das Systemmenü (klicken Sie dazu auf das PowerShell-Icon in der oberen linken Ecke des Konsolenfensters) und wählen Sie hier *Eigenschaften* und dann *Layout*. Mit den Optionen zur Fenstergröße können Sie die tatsächliche Fenstergröße steuern, und mit den Optionen zur Fensterpuffergröße steuern Sie die Größe des virtuellen Fensters (»Fensterpuffer«). Wenn die Fensterpuffergröße größer als die tatsächliche Fenstergröße ist, ändert sich das Konsolenfenster und besitzt dann Scrollbalken. Erhöhen Sie die virtuelle Fensterhöhe für das Zurückscrollen, damit die PowerShell mehr Ausgaben aus Ihrer Sitzung zwischenspeichert. Wenn Sie die PowerShell aus dem Startmenü heraus aufrufen, startet sie bereits mit einigen Anpassungen an der Fenstergröße.

Seit Windows 10 können Sie das Konsolenfenster durch einfaches Ziehen an den Ecken dynamisch vergrößern, die Ausgabe von Text innerhalb der Konsole passt sich automatisch an die neue Größe an.

Gestalten Sie die Markierung von Text etwas einfacher

Klicken Sie im Systemmenü auf *Eigenschaften* und dann auf *Optionen*. Wählen Sie dann *QuickEdit-Modus* aus. Mit dem QuickEdit-Modus können Sie in Ihrer PowerShell-Konsole Text einfach und komfortabel mit der Maus per Cut-and-Paste bearbeiten. Wenn Sie die PowerShell aus dem Startmenü heraus aufrufen, startet sie bereits mit aktiviertem QuickEdit-Modus.

Seit Windows 10 können Sie in der Konsole die üblichen Tastenkombinationen zum Kopieren (Strg + C) und Einfügen (Strg + V) verwenden. Darüber hinaus können Sie für das Konsolenfenster stufenweise Transparenz aktivieren. Diese Neuerungen lassen sich im Eigenschaftsmenü auch deaktivieren.

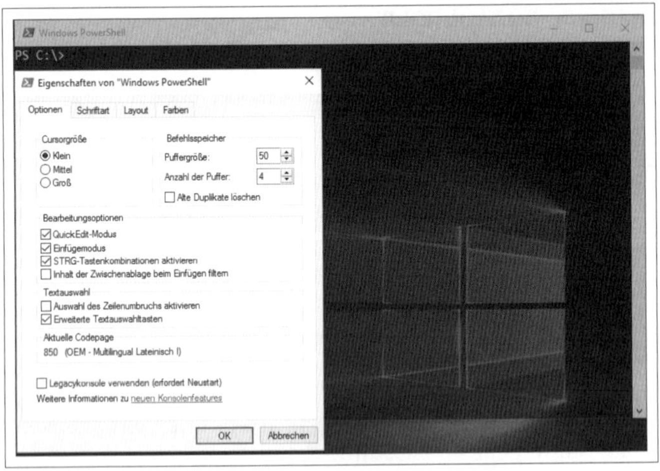

Abbildung 7: Legacykonsole verwenden

Verwenden Sie Hotkeys, um die Shell effizienter einzusetzen

Die Konsole der Windows PowerShell unterstützt viele Hotkeys (siehe Tabelle 2), die Ihnen zu einem effizienteren Einsatz der Konsole verhelfen.

Tabelle 2: Windows PowerShell-Hotkeys

Hotkey	Bedeutung
Windows-Taste + r und dann `powershell` eingeben	Startet die Windows PowerShell.
Windows-Taste + x und Windows PowerShell auswählen	Startet die Windows PowerShell aus dem PowerUser-Menü, auch mit erweiterten Rechten.
Pfeil nach oben	Durchsucht Ihre Befehls-History rückwärts.
Pfeil nach unten	Durchsucht Ihre Befehls-History vorwärts.
Pfeil nach links	Bewegt den Cursor auf Ihrer Befehlszeile um ein Zeichen nach links.
Pfeil nach rechts	Bewegt den Cursor auf Ihrer Befehlszeile um ein Zeichen nach rechts.

Tabelle 2: Windows PowerShell-Hotkeys (Forts.)

Hotkey	Bedeutung
Pos 1	Bewegt den Cursor an den Anfang der Befehlszeile.
Ende	Bewegt den Cursor an das Ende der Befehlszeile.
Strg + Pfeil nach links	Bewegt den Cursor auf Ihrer Kommandozeile um ein Wort nach links.
Strg + Pfeil nach rechts	Bewegt den Cursor auf Ihrer Kommandozeile um ein Wort nach rechts.
Alt + Leertaste	Ruft das Eigenschaftsmenü auf.
Strg + C	Unterbricht die Ausführung einer laufenden Operation.

TIPP

Die hier aufgeführten Hotkeys stellen Basiswissen dar. Es gibt noch viele Details zu entdecken. Durch die Einführung der überarbeiteten Konsole in Windows 10 entfallen jedoch auch einige Hotkeys, an die Sie sich gewöhnt haben mögen.

Profile

Die Windows PowerShell führt beim Start automatisch vier Skripte aus (siehe Tabelle 3). Mit jedem dieser Skripte können Sie, sofern vorhanden, Ihre Ausführungsumgebung anpassen. Alles, was Sie in diesen Dateien angeben, führt die PowerShell so aus, als hätten Sie es manuell auf der Befehlszeile eingegeben.

Dabei kann das System Profildateien für die Konsole von Profildateien für die PowerShell ISE unterscheiden. So kommen Sie auf insgesamt sechs Dateien, von denen bei jedem Start eines Hosts aber »nur« vier geladen werden. Das Erstellen von Profildateien für alle Benutzer des Systems erfordert administrative Rechte.

Tabelle 3: Windows PowerShell-Profile

Profilverwendung	Speicherort des Profils
Anpassung für alle Benutzer des Systems, für alle Hosts	*$PROFILE.AllUsersAllHosts*
Anpassung für den aktuellen Benutzer, für alle Hosts	*$PROFILE.CurrentUserAllHosts*

Tabelle 3: Windows PowerShell-Profile (Forts.)

Profilverwendung	Speicherort des Profils
Anpassung für alle Benutzer, für den aktuellen Host	*$PROFILE.AllUsersCurrentHost*
Anpassungen für den aktuellen Benutzer, für den aktuellen Host	*$PROFILE.CurrentUserCurrentHost*

TIPP

Sie müssen die Profildateien zunächst neu anlegen. Dies kann recht umständlich sein, da unter Umständen die Elternordner noch nicht existieren. Der einfachste Weg zur Erstellung eines neuen Profils ist der Folgende:

```
New-Item -Path $PROFILE.CurrentUserCurrentHost -Force
```

Wenn Sie dieses Profil bearbeiten möchten, geben Sie in der ISE Folgendes ein:

```
psedit $profile
```

Eingabeaufforderung

Wenn Sie Ihre Eingabeaufforderung (Prompt) anpassen möchten, erweitern Sie Ihr Profil um eine *Prompt*-Funktion.

Die aktuelle Definition Ihres Prompts können Sie leicht herausfinden.

```
(Get-Command prompt).Definition
```

Sie können die Funktion neu definieren, z.B. so:

```
function prompt
{
"PS [$($env:COMPUTERNAME)] >"
}
```

Tabulator-Vervollständigung

Sie können eine TabExpansion-Funktion festlegen, mit der Sie die Art und Weise anpassen, wie die Windows PowerShell Eigenschaften, Variablen, Parameter und Dateien vervollständigt, wenn Sie die Tabulatortaste drücken.

Ihre TabExpansion-Funktion überschreibt jedoch diejenige, die die PowerShell standardmäßig festlegt, daher möchten Sie wahrscheinlich deren Festlegungen als Ausgangspunkt heranziehen:

```
Get-Content function:\TabExpansion2
```

Diese Funktion nimmt als Argument die gesamte Befehlszeile entgegen sowie das letzte Wort der Befehlszeile. Wenn die Funktion eine oder mehrere Zeichenketten zurückliefert, durchläuft die PowerShell diese Zeichenketten während der Tabulator-Vervollständigung. Ansonsten verwendet die PowerShell ihre eingebaute Logik zur Vervollständigung von Dateinamen mithilfe der Tabulatortaste.

Ausführungsrichtlinien

Grundsätzlich gilt die Definition, dass Dateien mit der Dateiendung *.ps1* nur mit einem Texteditor geöffnet werden. Das hat nichts mit den Ausführungsrichtlinien zu tun, auch wenn das oft irrtümlich angenommen wird. Die Ausführungsrichtlinien beziehen sich darauf, ob Skripte unmittelbar ausgeführt werden oder eben nicht, bzw., wenn sie ausgeführt werden, ob sie dann digital signiert sein müssen.

In aller Regel beschränkt sich die Auseinandersetzung mit den Richtlinien auf die nachfolgende Befehlszeile, die das Ausführen von selbsterstellten Skripten grundsätzlich erlaubt.

```
Set-ExecutionPolicy -ExecutionPolicy RemoteSigned -Force
```

Bereits bei der Installation der PowerShell werden diese Richtlinien hinterlegt. Auf Windows Client-Editionen ist die Ausführung verboten, die Richtlinie auf den Wert *Restricted* voreingestellt. Seit Windows Server 2012 R2 ist die Systemvorgabe auf den Servereditionen *RemoteSigned*.

Die Ausführungsrichtlinie adressiert die Verarbeitung einer Skriptdatei. Wenn Sie identische Befehle in der PowerShell eintippen, werden diese dort ausgeführt. In gleicher Weise können Sie das Script in der ISE mit F8 Schritt für Schritt ausführen.

Es wird auch der Ursprungsort der Skriptdatei betrachtet. Die PowerShell unterscheidet hier zwischen den Orten »lokal« und »remote«, also ob die Datei auf Ihrem Rechner gespeichert ist oder auf einem Netzwerklaufwerk gestartet wurde. Darüber hinaus prüft das System, ob ein »Alternate Data Stream« (ADS) gefunden wird, anhand dessen ein heruntergeladenes Skript als potenziell gefährlich eingestuft werden kann. Achten Sie in der folgenden Abbildung auf die Checkbox: Mittels *Zulassen* entfernen Sie den ADS, und das Skript ist nicht mehr als Download zu erkennen.

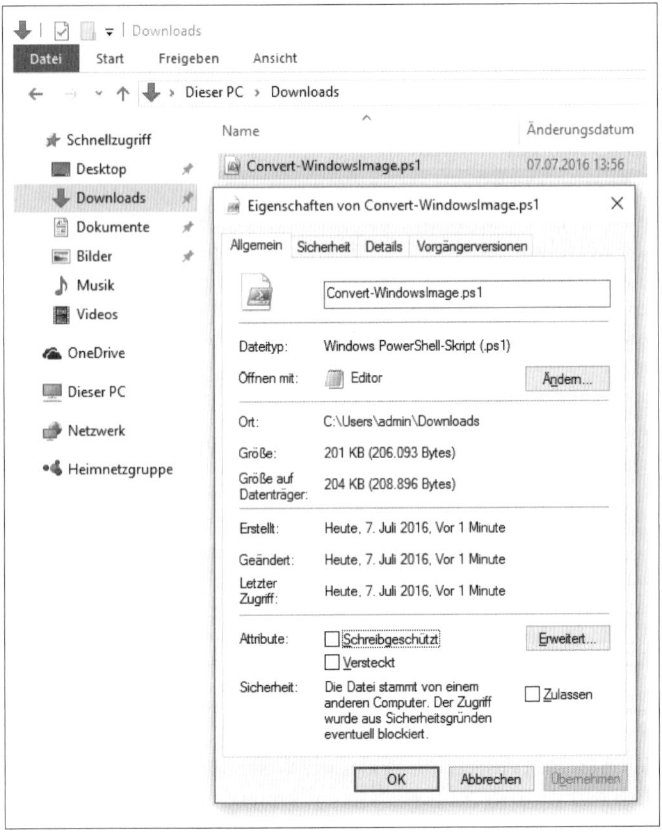

Abbildung 8: »Die Datei stammt von einem anderen Computer …«

Die Cmdlets zur Arbeit mit der Ausführungsrichtlinie sind *Get-ExecutionPolicy* und *Set-ExecutionPolicy*. Der einfache Aufruf von *Get-ExecutionPolicy* liefert Ihnen die Einstellung für die aktuelle Session zurück.

Selbst wenn Sie die Richtlinie auf den Wert `unrestricted` setzen, kann es je nach Art Ihres Skripts immer noch zu einer Fehlermeldung kommen, die besagt, dass die lokale Richtlinie die Ausführung von Skripten untersagt. Der Grund dafür liegt in den sogenannten *Scopes*. Der Parameter `-List` zeigt die Einstellungen für die einzelnen Scopes. Die Scopes definieren sich so, wie es in Tabelle 4 beschrieben ist.

Tabelle 4: Bereiche der Ausführungsrichtlinie

Scope	Definition
Process	Die Ausführungsrichtlinie, die für den aktuellen Windows PowerShell-Prozess festgelegt wurde.
CurrentUser	Die Ausführungsrichtlinie, die für den aktuellen Benutzer festgelegt wurde.
LocalMachine	Die Ausführungsrichtlinie, die für alle Benutzer des Computers festgelegt wurde.
UserPolicy	Die von einer Gruppenrichtlinie für den aktuellen Benutzer des Computers festgelegte Ausführungsrichtlinie.
MachinePolicy	Die von einer Gruppenrichtlinie für alle Benutzer des Computers festgelegte Ausführungsrichtlinie.

Mit dem Cmdlet *Set-ExecutionPolicy* setzen Sie Scope-spezifisch die Richtlinie, wozu administrative Berechtigungen erforderlich sind. Diese Änderung wirkt dauerhaft.

Betrachten wir das Setzen der Richtlinie ein zweites Mal unter dem Aspekt der *Scopes*.

```
PS > Get-ExecutionPolicy -List
Scope                    ExecutionPolicy
----                     ---------------
MachinePolicy            Undefined
UserPolicy               Undefined
Process                  Restricted
CurrentUser              RemoteSigned
LocalMachine             AllSigned
```

Sie finden im Beispiel oben konkurrierende Einstellungen vor. In diesem Fall entscheidet die spezifischere Einstellung für den aktuellen Prozess, Ihre Skripte sind somit gegenwärtig nicht ausführbar. *Process* hat Vorrang vor *CurrentUser*.

Alternativ zum manuellen Setzen dieser Richtlinie stehen Ihnen noch die Gruppenrichtlinien der Domäne zur Verfügung. Sie finden die Richtlinie sowohl für den Benutzer als auch für den Computer im jeweiligen Ast unter *Administrative Vorlagen\Windows Komponenten\Windows PowerShell*.

Nun wird auch deutlich, wozu es in diesem Kontext überhaupt *Scopes* gibt: Über die Gruppenrichtlinien erzwungene Einstellungen genießen Vorrang vor der lokalen Konfiguration.

Unabhängig von den Einstellungen, die Sie mittels ExecutionPolicy definieren, können Sie die zu verwendende Richtlinie gleich beim Start der PowerShell mit übergeben.

```
powershell -executionPolicy RemoteSigned
powershell -executionPolicy ByPass -file '.\skript.ps1'
```

Spätestens damit ist offensichtlich, dass diese Richtlinie nicht zum absoluten Schutz gedacht oder gar geeignet ist.

TIPP

Wenn Sie mehr über Tricks und Schliche im Umgang mit den Execution Policies erfahren wollen, sei Ihnen der nachfolgende Artikel empfohlen: *https://blog.netspi.com/15-ways-to-bypass-the-powershell-execution-policy/*

Befehle und Ausdrücke

Die PowerShell bricht jede von Ihnen eingegebene Zeile in ihre einzelnen Bestandteile (*Token*) auf und interpretiert dabei die einzelnen Token auf eine von zwei Möglichkeiten, entweder als Befehl oder als Ausdruck. Dabei handelt es sich um einen feinen Unterschied: Ausdrücke unterstützen eine Logik sowie Anweisungen für die Ablaufsteuerung (beispielsweise `if`, `foreach` und `throw`), während Befehle das nicht tun.

Häufig werden Sie die Art, wie die Windows PowerShell Ihre Anweisungen interpretiert, überschreiben wollen. Tabelle 5 führt die Möglichkeiten auf, die Ihnen dafür zur Verfügung stehen.

Tabelle 5: Auswertungssteuerung unter der Windows PowerShell

Anweisung	Beispiel	Erklärung
Vorrangsteuerung: `()`	`5 * (1 + 2)` `(dir).Count`	Erzwingt die Auswertung eines Befehls oder eines Ausdrucks auf eine ähnliche Weise, wie auch Klammern eingesetzt werden, um einen mathematischen Ausdruck in einer bestimmten Reihenfolge auszuwerten.

Auswertung eines untergeordneten Ausdrucks (Subexpression):
 	
`$()`
	`PS > "Die Antwort lautet (2+2)"`
	`Die Antwort lautet (2+2)`
	
	`PS > "Die Antwort lautet $(2+2)"`
	`Die Antwort lautet 4`
	
	`PS > $value = 10`
	`PS > $result = $(`
	`>>    if($value -gt 0) { $true }`
	`         else { $false }`
	`>> )`
	`>>`
	`PS > $result`
	`True`
		Erzwingt die Auswertung eines Befehls oder eines Ausdrucks auf eine ähnliche Weise, wie auch Klammern eingesetzt werden, um einen mathematischen Ausdruck in einer bestimmten Reihenfolge auszuwerten.
		Ein untergeordneter Ausdruck (Subexpression) ist jedoch ebenso leistungsfähig wie ein Unterprogramm, wird aber nur dann benötigt, wenn er eine Ablauflogik und Anweisungen für die Ablaufsteuerung beinhaltet.
		Diese Anweisung wird auch für die Erweiterung dynamischer Informationen innerhalb einer Zeichenkette eingesetzt.

Listenauswertung:
 	
`@()`
	`PS > "Hallo".Length`
	`5`
	`PS > @("Hallo").Length`
	`1`
		Bewirkt, dass ein Ausdruck als Liste ausgewertet wird. Wenn es sich bei dem Ausdruck bereits um eine Liste handelt, bleibt er eine Liste. Wenn nicht, behandelt ihn die PowerShell vorübergehend als eine solche.

Kommentare

Wenn Sie einen einzeiligen Kommentar eingeben möchten, beginnen Sie diese Zeile mit dem Zeichen #. Die Windows PowerShell unterstützt zwar keine mehrzeiligen Kommentare, es ist aber möglich, größere Bereiche Ihres Skripts zu deaktivieren, indem Sie diesen Bereich in einen *Here-String* setzen:

```
# Dies ist ein normaler Kommentar.
# Anfang des Here-Strings
$null = @"
function MyTest
{
"Das hier sollte nicht für eine Funktion gehalten werden."
}

$myVariable = 10;
"@
# Ende des Here-Strings
# Das hier ist wieder ein normaler Skriptbereich.
```

TIPP

Sehen Sie sich das Kapitel *Strings* auf Seite 36 an, um mehr über *Here-Strings* zu erfahren.

Variablen

Die Windows PowerShell bietet Ihnen mehrere Möglichkeiten, mit denen Sie Variablen festlegen und auf diese zugreifen können. Diese Möglichkeiten werden in Tabelle 6 zusammengefasst:

Tabelle 6: Windows PowerShell-Variablensyntax

Syntax	Bedeutung
`$einfacheVariable = "Wert"`	Ein einfacher Variablenname. Der Variablenname muss aus alphanumerischen Zeichen bestehen. Bei den Variablennamen wird nicht zwischen Groß- und Kleinschreibung unterschieden.

Tabelle 6: Windows PowerShell-Variablensyntax (Forts.)

Syntax	Bedeutung
`${beliebige!@#@#`{Var`}iable} = "Wert"`	Ein beliebiger Variablenname. Der Variablenname muss in geschweiften Klammern stehen, darf aber beliebige Zeichen enthalten. Geschweifte Klammern innerhalb des Variablennamens müssen mit einem Backtick (`) maskiert werden.
`${c:\Dateiname.Erweiterung}`	Variable in der »Get and Set Content«-Syntax. Diese Syntax entspricht der Syntax bei den willkürlichen Variablennamen. Wenn der Name einem gültigen PowerShell-Pfad entspricht, können Sie sich den Inhalt des Elements an diesem Speicherort holen oder ihn setzen, indem Sie die Variable auslesen oder beschreiben.
`[Datentyp] $Variable = "Wert"`	Streng typisierte Variable. Stellt sicher, dass die Variable nur Daten des von Ihnen festgelegten Typs enthalten kann. Die PowerShell gibt einen Fehler aus, wenn sie bei Ihrer Zuweisung die Daten nicht in diesen Typ zwängen kann.
`$Geltungsbereich:Variable`	Holt oder setzt die Variable in diesem speziellen Geltungsbereich (Scope). Zulässige Namen für den Geltungsbereich sind `global` (um eine Variable der gesamten Shell zur Verfügung zu stellen), `script` (um eine Variable nur dem aktuellen Skript zur Verfügung zu stellen), `local` (um eine Variable nur dem aktuellen Geltungsbereich und den untergeordneten Geltungsbereichen zur Verfügung zu stellen) und `private` (um eine Variable nur dem aktuellen Geltungsbereich zur Verfügung zu stellen).

TIPP

Anders als einige andere Sprachen rundet die PowerShell Zahlen (anstatt sie abzuschneiden), wenn sie sie in den Datentyp `[int]` umwandelt:

```
PS > (3/2)
1,5
PS > [int] (3/2)
2
```

Boolesche Werte

Boolesche Variablen (true und false) werden meistens mit ihren literalen Werten von `$true` und `$false` initialisiert. Wenn die PowerShell diese jedoch als Teil eines booleschen Ausdrucks auswertet (also innerhalb einer `if`-Anweisung), bildet sie die Ergebnisse in einer passenden booleschen Darstellung ab (siehe Tabelle 7).

Tabelle 7: Boolesche Interpretation der Windows PowerShell

Ergebnis	Boolesche Darstellung
`$true`	True
`$false`	False
`$null`	False
Zahl, die nicht null ist	True
null	False
Zeichenkette, die nicht leer ist	True
leere Zeichenkette	False
Array, das nicht leer ist	True
leeres Array	False
Hash-Tabelle (entweder leer oder nicht)	True

Strings

Die Windows PowerShell bietet mehrere Verfahren für die Arbeit mit Daten im Klartext.

Literale und sich erweiternde Zeichenketten

Wenn Sie eine literale Zeichenkette (eine Zeichenkette, in der keine Variable oder Escape-Erweiterung vorkommt) festlegen möchten, umgeben Sie diese Zeichenkette mit einfachen Anführungszeichen:

```
$myString = 'hello `t $ENV:SystemRoot'
```

`$myString` erhält den eigentlichen `Wert` von `hello `t $ENV:SystemRoot`.

Möchten Sie eine sich erweiternde Zeichenkette (eine Zeichenkette, in der Variablen und Escape-Erweiterungen vorkommen) festlegen, umgeben Sie die Zeichenkette mit doppelten Anführungszeichen:

```
$myString = "hello `t $ENV:SystemRoot"
```

`$myString` erhält nun einen Wert, der Folgendem entspricht:

```
hello          C:\WINDOWS
```

Wollen Sie in eine Zeichenkette mit einfachen Anführungszeichen ein einfaches Anführungszeichen oder in eine Zeichenkette mit doppelten Anführungszeichen ein doppeltes Anführungszeichen einfügen, dann können Sie zwei dieser Zeichen hintereinander einfügen:

```
PS > "Hallo ""da""!"
Hallo "da"!
PS > 'Hallo ''da''!'
Hallo 'da'!
```

TIPP

Für die Einbindung eines komplexen Ausdrucks innerhalb einer sich erweiternden Zeichenkette sollten Sie einen Unterausdruck verwenden, z. B. so:

```
$prompt = "$(get-location) >"
```

`$prompt` erhält hier einen Wert wie `c:\temp >`.

Der Zugriff auf die Eigenschaften eines Objekts gilt als komplexer Ausdruck:

```
$output = "Aktueller Skriptname lautet:
   $($myInvocation.MyCommand.Path)"
```

`$output` erhält einen Wert wie

```
Aktueller Skriptname lautet:
   c:\Testskript.ps1.
```

Here-Strings

Bei der Festlegung eines *Here-Strings* (einer Zeichenkette, die über mehrere Zeilen gehen kann) platzieren Sie die beiden Zeichen @" am Anfang und die beiden Zeichen "@ in einer eigenen Zeile am Ende der Zeichenkette, z. B. so:

```
$myHereString = @"
Dieser Text kann über mehrere Zeilen gehen und kann
"Anführungszeichen" enthalten.
"@
```

Here-Strings können entweder literale oder sich erweiternde Zeichenketten sein.

Escape-Sequenzen

Die Windows PowerShell unterstützt innerhalb von Zeichenketten die in Tabelle 8 aufgeführten Escape-Sequenzen.

Tabelle 8: Escape-Sequenzen der Windows PowerShell

Sequenz	Bedeutung
`0	Das Zeichen Null.
`a	Das Alarm-Zeichen. Erzeugt bei der Anzeige auf der Konsole einen Piepton.
`b	Das Backspace-Zeichen. Das vorangegangene Zeichen bleibt zwar in der Zeichenkette, wird aber bei der Anzeige auf der Konsole *überschrieben*.
`f	Ein Seitenvorschub. Erzeugt bei den meisten Druckern beim Ausdruck einen Seitenumbruch.
`n	Ein Zeilenvorschub.
`r	Eine Zeilenumschaltung. Neue Zeilen werden in der PowerShell vollständig über das Zeichen `n festgelegt, deshalb wird dieses Zeichen selten benötigt.
`t	Ein Tabulator.
`v	Ein vertikaler Tabulator.
'' (zwei einfache Anführungszeichen)	Ein einzelnes Anführungszeichen, wenn es in einer literalen Zeichenkette vorkommt.
"" (zwei doppelte Anführungszeichen)	Ein doppeltes Anführungszeichen, wenn es in einer sich erweiternden Zeichenkette vorkommt.
` *<ein beliebiges weiteres Zeichen>*	Dieses *Zeichen* als Literal.

Zahlen

Die PowerShell bietet mehrere Möglichkeiten für den Umgang mit Zahlen und numerischen Daten.

Einfache Zuweisung

Für die Definition einer Variablen, die numerische Daten enthält, weisen Sie diesen Wert einfach genau so zu, wie Sie es auch bei anderen Variablen machen würden. Die PowerShell speichert Ihre Daten automatisch in einem Format ab, das ausreichend ist, um diese Daten richtig vorzuhalten.

```
$myInt = 10
```

`$myInt` erhält den Wert 10 als (32-Bit-)Integer.

```
$myDouble = 3.14
```

`$myDouble` erhält den Wert 3,14 als Double (53 Bit, 9 Bit Genauigkeit).

Um einen Wert explizit als Long Integer (64 Bit) oder als Dezimal (96 Bit, 96 Bit Genauigkeit) zuzuweisen, setzen Sie die Suffixe `Long` und `Dezimal` ein:

```
$myLong = 0.999L
```

`$myLong` erhält den Wert 1 als Long Integer.

```
$myDecimal = 0.999D
```

`$myDecimal` erhält den Wert 0,999.

Die PowerShell unterstützt auch die Exponentialschreibweise:

```
$myPi = 3141592653e-9
```

`$myPi` erhält 3,141592653.

Die Datentypen der PowerShell (Integer, Long Integer, Double und Dezimal) bauen auf den .NET-Datentypen der gleichen Namen auf.

Administrative numerische Konstanten

Da Computeradministratoren nur selten Gelegenheit haben, mit Zahlen zu arbeiten, die geraden Zehnerpotenzen entsprechen, bietet die PowerShell die numerischen Konstanten `gb`, `mb` und `kb` an, um Gigabyte, Megabyte beziehungsweise Kilobyte darstellen zu können:

```
$downloadTime = (1gb + 250mb) / 120kb
```

Hexadezimal- und andere Zahlensysteme

Wenn Sie eine hexadezimale Zahl direkt eingeben möchten, verwenden Sie das Präfix `0x` für hexadezimale Zahlen:

```
$myErrorCode = 0xFE4A
```

`$myErrorCode` erhält den Integer-Wert 65098.

Die Skriptsprache der PowerShell unterstützt keine weiteren Zahlensysteme nativ. Die Unterstützung der Zusammenarbeit mit dem .NET Framework ermöglicht allerdings eine Umwandlung nach und von binär, oktal, dezimal und hexadezimal:

```
$myBinary = [Convert]::ToInt32("101101010101", 2)
```

`$myBinary` erhält den Integer-Wert 2901.

```
$myOctal = [Convert]::ToInt32("1234567", 8)
```

`$myOctal` erhält den Integer-Wert 342391.

```
$myHexString = [Convert]::ToString(65098, 16)
```

`$myHexString` erhält den String-Wert »fe4a«.

```
$myBinaryString = [Convert]::ToString(12345, 2)
```

`$myBinaryString` erhält den String-Wert »11000000111001«.

TIPP

Sehen Sie sich das Kapitel *Mit dem .NET Framework arbeiten* auf Seite 67 an, wenn Sie mehr darüber erfahren möchten, wie Sie bei der Arbeit mit der PowerShell mit dem .NET Framework zusammenarbeiten können.

Arrays und Listen

Mit Arrays können Sie Daten im Speicher eines Rechners so ablegen, dass Sie auf diese Daten mithilfe eines Index zugreifen können. Im Standard-Array greifen Sie auf diese Daten über einen numerischen Index zu, während Sie bei einem assoziativen Array über einen sogenannten *Schlüssel* darauf zugreifen. Die folgenden Abschnitte zeigen Ihnen, wie Sie unter der PowerShell mit Arrays und Listen arbeiten können.

Array-Definitionen

PowerShell-Arrays enthalten Listen von Daten. Wenn Sie ein Array festlegen, verwenden Sie ein Komma, um damit die Elemente voneinander zu trennen:

```
$mySimpleArray = 1,"Zwei",3.14
```

Arrays können optional auch nur ein einzelnes Element lang sein:

```
$myList = ,"Hallo"
```

`$myList.Length` zeigt eine Länge von 1. `$myList.gettype()` beweist, dass es sich um ein Array handelt.

Wenn Sie auf das Komma verzichten, erzeugen Sie eine Zeichenkette anstelle eines Arrays:

```
$myWord = "Hallo"
```

`$myWord.Length` zeigt eine Länge von 5, was jedoch die Anzahl der Zeichen repräsentiert und zu Verwechslungen führen kann.

Die Elemente müssen nicht alle vom selben Datentyp sein, es sei denn, Sie deklarieren das Array als streng typisiertes Array. Die äußeren eckigen Klammern definieren eine streng typisierte Variable (wie bereits im Kapitel *Variablen* auf Seite 34 erwähnt), und `'int[]'` (als Beispiel) repräsentiert ein Array mit Integer-Werten:

```
[int[]] $myArray = 1,2,3.14
```

In diesem Modus gibt die PowerShell eine Fehlermeldung aus, wenn sie irgendein Element aus Ihrer Liste nicht in den erforderlichen Datentyp umwandeln kann.

TIPP

Um sicherzustellen, dass die PowerShell Auflistungen unbestimmter Länge (beispielsweise History-Listen oder Verzeichnis-Listings) als Liste behandelt, setzen Sie die Syntax für die Listenauswertung `@(...)` ein, die im Kapitel *Befehle und Ausdrücke* auf Seite 32 beschrieben wird.

Arrays können auch mehrdimensional sein – Arrays innerhalb von Arrays:

```
$multiDimensional = @(
(1,2,3,4),
(5,6,7,8)
   )
```

`$multiDimensional[0][1]` liefert 2 zurück, was von Zeile 0, Spalte 1 stammt.

`$multiDimensional[1][3]` liefert 8 zurück, was aus Zeile 1, Spalte 3 stammt.

Array-Zugriff

Für den Zugriff auf ein bestimmtes Element in einem Array verwenden Sie den Operator `[]`. Die PowerShell nummeriert Ihr Array ausgehend von null durch:

`$myArray[0]`
: Liefert das erste Element im Array zurück.

`$myArray[2]`
: Liefert das dritte Element im Array zurück.

`$myArray[-1]`
: Liefert das letzte Element im Array zurück.

`$myArray[-2]`
: Liefert das vorletzte Element im Array zurück.

Sie können auch auf Bereiche von Elementen in Ihrem Array zugreifen:

`$myArray[0..2]`
: Liefert die Elemente 0 bis 2 zurück, jeweils einschließlich.

`$myArray[-1..2]`
: Liefert das letzte Element zurück, springt nach vorn und liefert dann die Elemente 0 bis einschließlich 2 zurück. Die PowerShell springt nach vorn, da die zweite Zahl im Bereich positiv ist.

`$myArray[-1..-3]`
: Liefert das letzte Element bis zum drittletzten Element des Arrays in absteigender Reihenfolge zurück. Die PowerShell geht von hinten nach vorn durch, da die zweite Zahl im Bereich negativ ist.

Array-Aufteilung

Sie können mehrere der oben angeführten Anweisungen miteinander kombinieren, um dadurch komplexere Bereiche aus einem Array zu extrahieren. Verwenden Sie dabei für die Abtrennung expliziter Indizes aus den Array-Bereichen das Zeichen +:

`$myArray[0,2,4]`
: Liefert die Elemente 0, 2 und 4 zurück.

`$myArray[0,2+4..6]`
: Liefert die Elemente 0 und 2 sowie 4 bis einschließlich 6 zurück.

`$myArray[,0+2..3+0,0]`
: Liefert die Elemente 0 und 2 bis einschließlich 3, 0 und noch einmal 0 zurück.

TIPP

Sie können mit der Syntax zur Aufteilung von Arrays auch Arrays erstellen:

```
$myArray = ,0+2..3+0,0
```

Wird Ihnen von einem Befehl nur ein Objekt zurückgegeben, so können Sie seit PowerShell 3 auf dieses eine Element mit der Array-Notation `$myArray[0]` zugreifen.

TIPP

PowerShell-Arrays weisen einen signifikanten Nachteil auf: Das Erweitern von Arrays ist vergleichsweise langsam. Wenn Sie eine große Anzahl von Elementen verwalten wollen, sollten Sie auf ArrayList-Objekte ausweichen.

```
$arr = @()                                  # Array
$arr += 'Wert'


[System.Collections.ArrayList]$al = @()   # ArrayList
$al.add('Wert')
```

Hash-Tabellen (assoziative Arrays)

Im Gegensatz zu den oben beschriebenen Standard-Arrays greifen Sie bei assoziativen Arrays, auch Hash-Tabellen genannt, nicht mit einem numerischen Index auf die Werte Ihrer Datenliste zu, sondern mit einem sogenannten Schlüssel. In diesem Abschnitt erfahren Sie, wie Sie unter der PowerShell mit Hash-Tabellen arbeiten können.

Hash-Tabellen-Definitionen

Mit PowerShell-*Hash-Tabellen* (auch *assoziative Arrays* genannt) können Sie Schlüssel mit Werten verknüpfen. Verwenden Sie für die Definition von Hash-Tabellen die folgende Syntax:

```
$myHashtable = @{}
```

Sie können eine Hash-Tabelle bei deren Erstellung mit ihren Schlüssel/Wert-Paaren initialisieren. Die PowerShell geht davon aus, dass die Schlüssel Zeichenketten sind. Die Werte können beliebigen Datentyps sein.

```
$myHashtable = @{ Schluessel1 = "Wert1";
                  "Schluessel2" = 1,2,3 }
```

Zugriff auf Hash-Tabellen

Für den Zugriff bzw. die Bearbeitung eines bestimmten Elements in einem assoziativen Array können Sie die Syntax entweder für den Array-Zugriff oder für den Eigenschaftenzugriff einsetzen:

```
$myHashtable["Schluessel1"]
```

Liefert "Wert1" zurück.

```
$myHashtable."Schluessel2"
```

Liefert das Array `1,2,3` zurück.

```
$myHashtable["Neues Element"] = 5
```

Fügt in die Hash-Tabelle "Neues Element" ein.

Eigene Objekte

Als Alternative zu assoziativen Arrays können Sie auch eigene Objekte des Typs *PSCustomObject* erzeugen.

```
$myObject = New-Object -TypeName psobject
$myObject | Add-Member -MemberType NoteProperty -Name
    'Eigenschaft1' -Value 'Wert1'
$myObject | Add-Member -MemberType NoteProperty -Name
    'Eigenschaft2 '-Value  1,2,3
```

Seit der PowerShell 3 können Sie eine Typabkürzung verwenden. Das Erzeugen des Objekts erfolgt analog zum Erstellen eines assoziativen Arrays.

```
$myObject = [PSCustomObject]@{
    Schluessel1 = "Wert1";"Schluessel2" = 1,2,3}
```

Zugriff auf die Eigenschaften des Objekts

Der Vorteil eigener Objekte liegt darin, dass Sie diese auf gewohnte Weise weiterverarbeiten können.

```
$myObject.Schluessel1
$myObject | Select-Object -Property Schluessel2
```

Eigene Datentypen und Klassen mit PowerShell 5

Das neue Schlüsselwort `Enum` erlaubt das Erstellen eines eigenen Datentyps mit vordefinierten Konstanten. Eine Enumeration, auf Deutsch Auflistung, basiert auf einer .NET-Klasse, die in allen PowerShell-Versionen Verwendung fand. Neu in PowerShell Version 5 ist lediglich das Schlüsselwort `Enum`, das das Erstellen eigener Datentypen vereinfacht.

```
Enum Vendor
{
HP
Dell
IBM
Lenovo
}
```

Im Zusammenspiel mit dem ebenfalls neuen Schlüsselwort `Class` lassen sich nun eigene Blaupausen für Objekte erstellen, wie es zuvor Hochsprachen vorbehalten war. Eine Klasse definiert (mögliche) Eigenschaften und Methoden eines Objekts.

```
class Server
{
[string]$Computername
[vendor]$Vendor
[string]$Model
}
```

Eine neue Instanz der Klasse `Server` lässt sich auf diese Weise erzeugen:

```
$myserver = [server]::new()
$myserver.computername = 'sv1'
$myserver.Vendor = 'HP'
$myserver.Model = 'ProLiant'
```

Für dieses einfache Beispiel würden sich nur wenige die Mühe machen, eine eigene Klasse zu generieren, da man ein sehr ähnliches Ergebnis erhält, wenn man unmittelbar ein eigenes Objekt erstellt:

```
$myserver = [pscustomobject] @{
computername = 'sv1'
```

```
Vendor = 'HP'
Model = 'ProLiant'
}
```

Klassen erlauben aber nicht nur die Definition von Eigenschaften, sondern auch von Methoden. Je umfangreicher die Klasse wird, desto mehr Eigenschaften und Methoden man definiert, umso größer wiegen die Vorteile des Erstellens eigener Klassen hinsichtlich der Strukturierung und Lesbarkeit Ihrer Skripte.

```
class Server
{
# Properties
[string]$Computername
[vendor]$Vendor
[string]$Model
[dateTime]$LastEchoReply
# Methods
[string]GetBasicInfo()
{
if ($this.LastEchoReply -eq 0)
{
return "$($this.Computername) (Last seen: never)"
}
else
{
return "$($this.Computername) (Last seen:
        $($this.LastEchoReply))"
}
}
void]RunPingTest()
{
$this.LastEchoReply = $(
if (Test-Connection -ComputerName $this.computername
  -Count 1 -Quiet) {Get-Date}
else { Get-Date -Date 0 })
}
# Constructor
Server($computername)
{
$this.Computername = $Computername
$this.RunPingTest()
}
}
```

In der erweiterten Klasse Server finden sich neben den bereits bekannten Eigenschaften nun auch Methoden, die es erlauben, Programmcode auszuführen.

```
$myserver = [Server]::new('sv1')
$myserver.RunPingTest()
```

Die Methode RunPingTest versucht, den Server mittels ICMP Echo Request zu erreichen und protokolliert den Zeitpunkt des erfolgreichen Tests in der Eigenschaft LastEchoReply. Antwortet der Server nicht, so wird der Wert 0 als Zeitstempel eingetragen. Da die Methode keinen Rückgabewert hat, wird als Datentyp [void] (*Nichts*) verwendet.

Diese Information ist zusammen mit dem Computernamen mithilfe der zweiten Methode *GetBasicInfo* abrufbar. *GetBasicInfo* liefert einen Rückgabewert als [string].

Der Konstruktor (*Constructor*) sorgt abschließend dafür, dass beim Initialisieren eines neuen Objekts unmittelbar Werte übergeben und Methoden ausgeführt werden. Der Name der Klasse dient als Schlüsselwort zur Definition des Konstruktors.

Klassen eignen sich in besonderer Weise zur Erstellung von DSC-Ressourcen. Mehr über DSC-Ressourcen erfahren Sie im Kapitel *Desired State Configuration (DSC)* auf Seite 101.

XML

Die PowerShell unterstützt XML als nativen Datentyp. Wenn Sie eine XML-Variable erstellen möchten, wandeln Sie eine Zeichenkette in den Datentyp [xml] um:

```
$myXml = [xml] @"
<AddressBook>
<Person contactType="Personal">
<Name>Manuel</Name>
<Phone type="home">089 699 310</Phone>
<Phone type="work">089 123 456</Phone>
</Person>
```

```
<Person contactType="Business">
<Name>Mats</Name>
<Phone>0231-456 789</Phone>
</Person>
</AddressBook>
"@
```

Die PowerShell stellt alle Child-Knoten und Attribute als Eigenschaften dar, wobei Kinder, die sich den gleichen Knotentyp teilen, automatisch gruppiert werden:

```
$myXml.AddressBook
```

Liefert ein Objekt zurück, das eine Eigenschaft `Person` enthält.

```
$myXml.AddressBook.Person
```

Liefert eine Liste mit `Person`-Knoten zurück. Jeder `Person`-Knoten stellt `'contactType'`, `Name` und `Phone` als Eigenschaften dar.

```
$myXml.AddressBook.Person[0]
```

Liefert den ersten `Person`-Knoten zurück.

```
$myXml.AddressBook.Person[0].ContactType
```

Liefert `Personal` als Kontaktart des ersten `Person`-Knotens zurück.

TIPP

Der Datentyp `XML` umfasst die .NET-Klassen `XmlDocument` und `XmlElement`. Anders als die meisten anderen PowerShell-.NET-Wrapper stellt dieser Wrapper nicht die Eigenschaften der darunterliegenden Klasse dar, da sie eventuell in Konflikt mit den dynamischen Eigenschaften stehen, die die PowerShell für die Namen der Knoten hinzufügt.

Wenn Sie auf die Eigenschaften der darunterliegenden Klasse zugreifen möchten, verwenden Sie die Eigenschaft `PsBase`, z.B. so:

```
$myXml.PsBase.InnerXml
```

Sehen Sie sich das Kapitel *Mit dem .NET Framework arbeiten* auf Seite 67 an, wenn Sie mehr darüber erfahren möchten, wie Sie bei der Arbeit mit der PowerShell mit dem .NET Framework zusammenarbeiten können.

Einfache Operatoren

Haben Sie erst einmal Ihre Daten definiert, wollen Sie im nächsten Schritt natürlich auch damit arbeiten.

Arithmetische Operatoren

Mit arithmetischen Operatoren (siehe Tabelle 9) können Sie auf Ihren Daten mathematische Operationen durchführen.

Tabelle 9: Arithmetische Operatoren der Windows PowerShell

Operator	Bedeutung
+	Der Additionsoperator: *$linkerWert + $rechterWert* • Wenn er im Zusammenhang mit Zahlen eingesetzt wird, liefert er deren Summe zurück. • Wenn er im Zusammenhang mit Zeichenketten eingesetzt wird, liefert er eine neue Zeichenkette zurück, die durch das Anfügen der zweiten Zeichenkette an die erste erstellt wurde. • Wenn er im Zusammenhang mit Arrays eingesetzt wird, liefert er ein neues Array zurück, das durch das Anfügen des zweiten Arrays an das erste erstellt wurde. • Wenn er im Zusammenhang mit Hash-Tabellen eingesetzt wird, liefert er eine neue Hash-Tabelle zurück, die durch das Zusammenfassen beider Hash-Tabellen erstellt wurde. • Wenn er im Zusammenhang mit einem anderen Typ eingesetzt wird, verwendet die PowerShell den Additionsoperator (`op_Addition`) dieses Typs, wenn bei diesem Typ ein solcher implementiert ist.
-	Der Subtraktionsoperator: *$linkerWert – $rechterWert* • Wenn er im Zusammenhang mit Zahlen eingesetzt wird, liefert er deren Differenz zurück. • Dieser Operator gilt nicht für Zeichenketten. • Dieser Operator gilt nicht für Arrays. • Dieser Operator gilt nicht für Hash-Tabellen. • Wenn er im Zusammenhang mit einem anderen Typ eingesetzt wird, verwendet die PowerShell den Subtraktionsoperator (`op_Subtraction`) dieses Typs, wenn bei diesem Typ ein solcher implementiert ist.

Tabelle 9: Arithmetische Operatoren der Windows PowerShell (Forts.)

Operator	Bedeutung
`*`	Der Multiplikationsoperator: *$linkerWert * $rechterWert* • Wenn er im Zusammenhang mit Zahlen eingesetzt wird, liefert er deren Produkt zurück. • Wenn er im Zusammenhang mit Zeichenketten eingesetzt wird (`"Test" * 5`), liefert er eine neue Zeichenkette zurück, die sich daraus zusammensetzt, dass die Zeichenkette so oft an sich selbst angefügt wird, wie Sie es angegeben haben. • Wenn er im Zusammenhang mit Arrays eingesetzt wird (`1..3 * 7`), liefert er ein neues Array zurück, das sich daraus zusammensetzt, dass das Array so oft an sich selbst angefügt wird, wie Sie es angegeben haben. • Dieser Operator gilt nicht für Hash-Tabellen. • Wenn er im Zusammenhang mit einem anderenTyp eingesetzt wird, verwendet die PowerShell den Multiplikationsoperator (`op_Multiply`) dieses Typs, wenn bei diesem Typ ein solcher implementiert ist.
`/`	Der Divisionsoperator: *$linkerWert / $rechterWert* • Wenn er im Zusammenhang mit Zahlen eingesetzt wird, liefert er deren Quotienten zurück (in Form von Gleitkommazahlen). • Dieser Operator gilt nicht für Zeichenketten. • Dieser Operator gilt nicht für Arrays. • Dieser Operator gilt nicht für Hash-Tabellen. • Wenn er im Zusammenhang mit einem anderen Typ eingesetzt wird, verwendet die PowerShell den Divisionsoperator (`op_Division`) dieses Typs, wenn bei diesem Typ ein solcher implementiert ist.
`%`	Der Modulo-Operator: *$linkerWert % $rechterWert* • Wenn er im Zusammenhang mit Zahlen eingesetzt wird, liefert er den Rest aus deren Division zurück. • Dieser Operator gilt nicht für Zeichenketten. • Dieser Operator gilt nicht für Arrays. • Dieser Operator gilt nicht für Hash-Tabellen. • Wenn er im Zusammenhang mit einem anderen Typ eingesetzt wird, verwendet die PowerShell den Modulo-Operator (`op_Modulus`) dieses Typs, wenn bei diesem Typ ein solcher implementiert ist.

`+=`
`-=`
`*=`
`/=`
`%=`
	Zuweisungsoperatoren:
	$Variable <Operator>= Wert
	Diese Operatoren entsprechen den einfachen arithmetischen Operatoren (+, -, *, / und %), speichern das Ergebnis allerdings in der Variablen links des Operators ab. Es handelt sich dabei um eine Kurzform für
	$Variable = $Variable <Operator> Wert.

TIPP

Die Klasse `System.Math` im .NET Framework bietet zusätzlich zu den von der PowerShell unterstützten nativen Operatoren viele weitere leistungsfähige Operatoren an:

```
PS > [Math]::Pow([Math]::E, [Math]::Pi)
23,1406926327793
```

Sehen Sie sich das Kapitel *Mit dem .NET Framework arbeiten* auf Seite 67 an, wenn Sie mehr darüber erfahren möchten, wie Sie bei der Arbeit mit der PowerShell mit dem .NET Framework zusammenarbeiten können.

Logische Operatoren

Mit den logischen Operatoren (siehe Tabelle 10) können Sie boolesche Werte vergleichen.

Tabelle 10: Logische Operatoren der Windows PowerShell

Operator	Bedeutung
`-and`	Logisches AND: *$linkerWert* -and *$rechterWert* Liefert `$true` zurück, wenn sowohl das linke als auch das rechte Argument `$true` ergeben. Liefert ansonsten `$false` zurück. Sie können im selben Ausdruck mehrere `-and`-Operatoren miteinander kombinieren: $Wert1 -and $Wert2 -and $Wert3 ... Die PowerShell setzt den `-and`-Operator als Kurzschlussoperator (engl. *short-circuit operator*) um, indem sie die Argumente nur dann auswertet, wenn alle nachfolgenden Argumente `$true` ergeben.
`-or`	Logisches OR: *$linkerWert* -or *$rechterWert* Liefert `$true` zurück, wenn entweder das linke oder das rechte Argument `$true` ergibt. Liefert ansonsten `$false` zurück. Sie können im selben Ausdruck mehrere `-or`-Operatoren miteinander kombinieren: *$Wert1* -or *$Wert2* -or *$Wert3* ... Die PowerShell setzt den `-or`-Operator als Kurzschlussoperator (engl. *short-circuit operator*) um, indem sie die Argumente nur dann auswertet, wenn alle nachfolgenden Argumente `$false` ergeben.

Tabelle 10: Logische Operatoren der Windows PowerShell (Forts.)

Operator	Bedeutung
`-xor`	Logisches exklusives OR: *$linkerWert* -xor *$rechterWert* Liefert `$true` zurück, wenn entweder das linke oder das rechte Argument `$true` ergibt, aber nicht, wenn das bei beiden Argumenten der Fall ist. Liefert ansonsten `$false` zurück.
-not !	Logisches NOT: -not *$Wert* Liefert `$true` zurück, wenn sein (einziges) rechtes Argument `$false` ergibt. Liefert ansonsten `$false` zurück.

Binäre Operatoren

Mit den binären Operatoren (siehe Tabelle 11) können Sie die booleschen logischen Operatoren Bit für Bit auf die Argumente des Operators anwenden. Wenn Sie Bits vergleichen, wird `$true` durch eine `1` repräsentiert, während `$false` durch eine `0` repräsentiert wird.

Tabelle 11: Binäre Operatoren der Windows PowerShell

Operator	Bedeutung

-band	Binäres AND:
	$linkerWert -band *$rechterWert*
	Liefert eine Zahl zurück, bei der die Bits auf `1` gesetzt werden, wenn die Bits der linken und rechten Argumente an dieser Position beide `1` sind. Alle anderen Bits werden auf `0` gesetzt, z. B. so:
	`PS > $boolean1 = "110110110"`
	`PS > $boolean2 = "010010010"`
	`PS > $int1 = [Convert]::ToInt32($boolean1, 2)`
	`PS > $int2 = [Convert]::ToInt32($boolean2, 2)`
	`PS > $result = $int1 -band $int2`
	`PS > [Convert]::ToString($result, 2)`
	`10010010`

`-bor`	Binäres OR: *$linkerWert* -bor *$rechterWert* Liefert eine Zahl zurück, bei der die Bits auf `1` gesetzt werden, wenn eines der Bits der linken oder rechten Argumente an dieser Position `1` ist. Alle anderen Bits werden auf `0` gesetzt.

Tabelle 11: Binäre Operatoren der Windows PowerShell (Forts.)

Operator	Bedeutung

	Das kann z. B. so aussehen:
	`PS > $boolean1 = "110110110"`
	`PS > $boolean2 = "010010010"`
	`PS > $int1 = [Convert]::ToInt32($boolean1, 2)`
	`PS > $int2 = [Convert]::ToInt32($boolean2, 2)`
	`PS > $result = $int1 -bor $int2`
	`PS > [Convert]::ToString($result, 2)`
	`110110110`

-bxor	Binäres exklusives OR:
	$*linkerWert* -bxor $*rechterWert*
	Liefert eine Zahl zurück, bei der die Bits auf 1 gesetzt werden, wenn eines der Bits der linken oder rechten Argumente an dieser Position 1 ist, aber nicht, wenn das für beide Bits gilt. Alle anderen Bits werden auf 0 gesetzt, z. B. so:
	`PS > $boolean1 = "110110110"`
	`PS > $boolean2 = "010010010"`
	`PS > $int1 = [Convert]::ToInt32($boolean1, 2)`
	`PS > $int2 = [Convert]::ToInt32($boolean2, 2)`
	`PS > $result = $int1 -bor $int2`
	`PS > [Convert]::ToString($result, 2)`
	`100100100`

-bnot	Binäres NOT:
	-bnot $*Wert*
	Liefert eine Zahl zurück, bei der die Bits auf 1 gesetzt werden, wenn das Bit des rechten (und einzigen) Arguments an dieser Position auf 1 gesetzt ist. Alle anderen Bits werden auf 0 gesetzt, z. B. so:
	`PS > $boolean1 = "110110110"`
	`PS > $int1 = [Convert]::ToInt32($boolean1, 2)`
	`PS > $result = -bnot $int1`
	`PS > [Convert]::ToString($result, 2)`
	`11111111111111111111111001001001`

Weitere Operatoren

Die PowerShell unterstützt zusätzlich weitere einfache Operatoren (siehe Tabelle 12).

Tabelle 12: Weitere Operatoren der Windows PowerShell

Operator	Bedeutung

`-replace`	Der Ersetzen-Operator:
	»Ziel« -replace *»Muster«,»Ersetzung«*
	Liefert eine neue Zeichenkette zurück, bei der der Text in `"Ziel"`, der mit dem regulären Ausdruck `"Muster"` übereinstimmte, gegen den Ersetzungstext `"Ersetzung"` ausgetauscht wurde.
	Standardmäßig führt die PowerShell einen Vergleich durch, bei dem die Groß- und Kleinschreibung nicht beachtet wird. Der Operator `-ireplace` sorgt dafür, dass diese Nichtbeachtung der Groß- und Kleinschreibung explizit angegeben wird, während der Operator `-creplace` einen Vergleich durchführt, bei dem die Groß- und Kleinschreibung beachtet wird.
	Wenn das Muster des regulären Ausdrucks benannte Captures oder Capture-Gruppen enthält, kann der Ersetzungs-String sich auch auf diese beziehen, z.B. so:
	`PS > "Hallo Welt" -replace "(.*) (.*)",'$2 $1'`
	`Welt Hallo`
	Weitere Informationen zu den Details der regulären Ausdrücke finden Sie im Referenzteil im Abschnitt »Reguläre Ausdrücke« auf Seite 129.

`-f`	Der Format-Operator:
	<Format-String> -f *<Wert-Array>*
	Liefert eine Zeichenkette zurück, bei der die Formatelemente im Format-String durch die Textentsprechung der Werte im Werte-Array ersetzt wurden, z.B. so:
	`PS > "{0:n0}" -f 1000000000`
	`1.000.000.000`
	Der Format-String für den Format-Operator entspricht genau dem Format-String, der von der .NET-Methode `String.Format` unterstützt wird.
	Weitere Details zur Syntax des Format-Strings finden Sie im Referenzteil im Abschnitt ».NET-String-Formatierung« auf Seite 180.

`-as`	Der Typumwandlungsoperator:
	$*Wert* -as [*Typ*]
	Wandelt `$Wert` in den angegebenen .NET-Datentyp um. Wenn diese Umwandlung nicht möglich ist, liefert die PowerShell `$null` zurück, z.B. so:
	`PS > 3/2 -as [int]`
	`2`

Vergleichsoperatoren

Mit den Vergleichsoperatoren der PowerShell (siehe Tabelle 13) können Sie Ausdrücke miteinander vergleichen. Standardmäßig berücksichtigen die Vergleichsoperatoren der PowerShell keine Groß- und Kleinschreibung. Bei allen Operationen, bei denen die Groß- und Kleinschreibung von Bedeutung ist, führt das Präfix `-i` dazu, dass die Nichtbeachtung von Groß- und Kleinschreibung explizit angegeben wird, wohingegen das Präfix `-c` einen Vergleich durchführt, bei dem die Groß- und Kleinschreibung berücksichtigt wird.

Tabelle 13: Vergleichsoperatoren der Windows PowerShell

Operator	Bedeutung
-eq	Der Gleichheitsoperator: *$linkerWert* -eq *$rechterWert* Bei allen primitiven Datentypen wird `$true` zurückgeliefert, wenn `$linkerWert` und `$rechterWert` gleich sind. Wenn er im Zusammenhang mit Arrays eingesetzt wird, liefert er alle Elemente in `$linkerWert` zurück, die mit `$rechterWert` übereinstimmen. Wenn er im Zusammenhang mit einem anderen Typ eingesetzt wird, verwendet die PowerShell die Methode `.Equals()` dieses Typs, wenn bei diesem Typ eine solche Methode implementiert ist.
-ne	Der negierte Gleichheitsoperator: *$linkerWert* -ne *$rechterWert* Bei allen primitiven Datentypen wird `$true` zurückgeliefert, wenn `$linkerWert` und `$rechterWert` nicht gleich sind. Wenn er im Zusammenhang mit Arrays eingesetzt wird, liefert er alle Elemente in `$linkerWert` zurück, die nicht mit `$rechterWert` übereinstimmen. Wenn er im Zusammenhang mit einem anderen Typ eingesetzt wird, liefert die PowerShell die Negierung der Methode `.Equals()` dieses Typs zurück, wenn bei diesem Typ eine solche Methode implementiert ist.
-ge	Der Größer-als-oder-gleich-Operator: *$linkerWert* -ge *$rechterWert* Bei allen primitiven Datentypen wird `$true` zurückgeliefert, wenn `$linkerWert` größer oder gleich `$rechterWert` ist. Wenn er im Zusammenhang mit Arrays eingesetzt wird, werden alle Elemente in `$linkerWert` zurückgeliefert, die größer oder gleich `$rechterWert` sind.

Tabelle 13: Vergleichsoperatoren der Windows PowerShell (Forts.)

Operator	Bedeutung
	Wenn er im Zusammenhang mit einem anderen Typ eingesetzt wird, liefert die PowerShell das Ergebnis der Methode `.Compare()` dieses Objekts zurück, wenn diese dort implementiert ist. Wenn diese Methode eine Zahl zurückliefert, die größer oder gleich null ist, liefert der Operator `$true` zurück.
`-gt`	Der Größer-als-Operator: *$linkerWert* -gt *$rechterWert* Liefert bei allen primitiven Datentypen `$true` zurück, wenn `$linkerWert` größer als `$rechterWert` ist. Wenn er im Zusammenhang mit Arrays eingesetzt wird, liefert er alle Elemente in `$linkerWert` zurück, die größer als `$rechterWert` sind. Wenn er mit einem anderen Typ eingesetzt wird, liefert die PowerShell die Ergebnisse der Methode `.Compare()` dieses Objekts zurück, wenn diese Methode dort implementiert ist. Wenn diese Methode eine Zahl zurückliefert, die größer als null ist, liefert der Operator `$true` zurück.
`-lt`	Der Kleiner-als-Operator: *$linkerWert* -lt *$rechterWert* Liefert bei allen primitiven Datentypen `$true` zurück, wenn `$linkerWert` kleiner als `$rechterWert` ist. Wenn er im Zusammenhang mit Arrays eingesetzt wird, liefert er alle Elemente in `$linkerWert` zurück, die kleiner als `$rechterWert` sind. Wenn er mit einem anderen Typ eingesetzt wird, liefert die PowerShell die Ergebnisse der Methode `.Compare()` dieses Objekts zurück, wenn diese dort implementiert ist. Wenn diese Methode eine Zahl zurückliefert, die kleiner als null ist, liefert der Operator `$true` zurück.
`-le`	Der Kleiner-als-oder-gleich-Operator: *$linkerWert* -le *$rechterWert* Liefert bei allen primitiven Datentypen `$true` zurück, wenn `$linkerWert` kleiner oder gleich `$rechterWert` ist. Wenn er im Zusammenhang mit Arrays eingesetzt wird, liefert er alle Elemente in `$linkerWert` zurück, die kleiner oder gleich `$rechterWert` sind. Wenn er mit einem anderen Typ eingesetzt wird, liefert die PowerShell das Ergebnis der Methode `.Compare()` dieses Objekts zurück, wenn diese dort implementiert ist. Wenn diese Methode eine Zahl zurückliefert, die kleiner oder gleich null ist, liefert dieser Operator `$true` zurück.

Tabelle 13: Vergleichsoperatoren der Windows PowerShell (Forts.)

Operator	Bedeutung

`-like`	Der Like- bzw. Einfacher-Textabgleich-Operator:
	»Ziel« -like *<Muster>*
	Vergleicht das Muster mit dem Zielwert und liefert dabei `$true` zurück, wenn der Abgleich erfolgreich ist.
	Der Like-Operator unterstützt die folgenden einfachen Platzhalterzeichen:
	`?        Ein beliebiges einzelnes, nicht`
	`         spezifiziertes Zeichen`
	`*        Null oder mehrere nicht spezifizierte`
	`Zeichen`
	`[a-b]    Alle Zeichen im Bereich von a-b`
	`[ab]     Die spezifizierten Zeichen a oder b`
	Das kann z. B. so aussehen:
	`PS > "Test" -like "[A-Z]e?[tr]"`
	`True`

`-notlike`	Die Negierung des Like-Operators. Liefert `$true` zurück, wenn der `-like`-Operator `$false` zurückliefern würde.

`-match`	Der Match-Operator:
	»Ziel« -match *<Regulärer Ausdruck>*
	Vergleicht den regulären Ausdruck mit dem Zielwert und liefert dabei `$true` zurück, wenn der Abgleich erfolgreich ist. Gleich nach der Ausführung legt die PowerShell die erfolgreichen Vergleiche in der Variablen `$matches` ab.
	Bei der Variablen `$matches` handelt es sich um eine Hash-Tabelle, die die einzelnen Vergleiche auf den übereinstimmenden Text abbildet. `0` entspricht dem gesamten Text des Vergleichs, `1` und Folgende enthalten den Text aus allen unbenannten Captures im regulären Ausdruck, und String-Werte enthalten den Text aus allen benannten Captures im regulären Ausdruck, z. B. so:
	`PS > "Hallo Welt" -match "(.*) (.*)"`
	`True`
	`PS > $matches[1]`
	`Hallo`
	Weitere Informationen zu den Details regulärer Ausdrücke finden Sie im Referenzteil im Abschnitt »Reguläre Ausdrücke« auf Seite 129.

`-notmatch`	Die Negierung des Match -Operators. Liefert `$true` zurück, wenn der -match-Operator `$false` zurückliefern würde. Auch der `-notmatch`-Operator füllt die Variable `$matches` mit den Ergebnissen des Vergleichs an.

Tabelle 13: Vergleichsoperatoren der Windows PowerShell (Forts.)

Operator	Bedeutung
-contains	Der Contains-Operator: $Liste -contains $Wert Liefert `$true` zurück, wenn die durch `$Liste` angegebene Liste den Wert `$Wert` enthält.
-notcontains	Die Negierung des Contains-Operators. Liefert `$true` zurück, wenn der `-contains`-Operator `$false` zurückliefern würde.
-is	Der Typ-Operator: $Liste -is [Typ] Liefert `$true` zurück, wenn `[Typ]` dem angegebenen .NET-Datentyp entspricht.
-isnot	Die Negierung des Typ-Operators. Liefert `$true` zurück, wenn der `-type`-Operator `$false` zurückliefern würde.

Bedingungsanweisungen

Mit den Bedingungsanweisungen der PowerShell können Sie den Ablauf der Ausführung Ihres Skripts beeinflussen.

Die Anweisungen if, elseif und else

```
if(Bedingung)
{
   <Anweisungsblock>
}
elseif(Bedingung2)
{
<Anweisungsblock>
}
else
{
<Anweisungsblock>
}
```

Wenn die Bedingung `$true` ergibt, führt die PowerShell den von Ihnen aufgeführten Anweisungsblock aus. Dann führt sie die Ausführung am Ende der `if`/`elseif`/`else`-Anweisungsliste fort.

TIPP

Sehen Sie sich den Abschnitt »Logische Operatoren« auf Seite 52 und das Kapitel *Vergleichsoperatoren* auf Seite 56 an. Dort wird beschrieben, wie die PowerShell Ausdrücke als Bedingungen überprüft.

Wenn die Bedingung `$false` ergibt, überprüft die PowerShell alle nachfolgenden (optionalen) `elseif`-Bedingungen, bis eine zutrifft. Trifft dann eine Bedingung zu, führt die PowerShell den zu dieser Bedingung gehörenden Anweisungsblock aus und fährt danach mit der Ausführung am Ende der `if/elseif/else`-Anweisungsliste fort.

Wenn keine der Bedingungen `$true` ergibt, führt die PowerShell den zur (optionalen) `else`-Klausel gehörenden Anweisungsblock aus und fährt dann mit der Ausführung am Ende der `if/elseif/else`-Anweisungsliste fort.

switch-Anweisungen

```
switch [Optionen] (Ausdruck)
{
<Vergleichswert> { <Anweisungsblock> }
-oder-
   { Ausdruck }     { <Anweisungsblock> }

   (...)
   default            { <Anweisungsblock> }
}
```

oder

```
switch [Optionen] -file <Dateiname>
{
<Vergleichswert> { <Anweisungsblock> }
-oder-
   { Ausdruck }     { <Anweisungsblock> }

   (...)
   default            { <Anweisungsblock> }
}
```

Wenn die PowerShell eine switch-Anweisung auswertet, prüft sie dabei den Ausdruck gegen die Anweisungen im switch-Body. Wenn Ausdruck eine Liste mit Werten ist, prüft die PowerShell jedes einzelne Element gegen die Anweisungen im switch-Body. Geben Sie die Option -file an, behandelt die PowerShell die Zeilen in der Datei so, als wären sie eine Liste mit Elementen in Ausdruck.

Mit der <Vergleichswert>-Anweisung können Sie das aktuelle Eingabeelement mit dem in <Vergleichswert> angegebenen Muster abgleichen. Standardmäßig behandelt die PowerShell dies wie einen exakten Abgleich, bei dem Groß- und Kleinschreibung nicht beachtet werden. Die Optionen, die Sie der switch-Anweisung mitgeben, können dieses Verhalten aber ändern (siehe Tabelle 14).

Tabelle 14: Optionen, die von der switch-Anweisung der PowerShell unterstützt werden

Option	Bedeutung
-casesensitive -c	Abgleich, bei dem Groß- und Kleinschreibung beachtet werden. Wenn diese Option aktiv ist, führt die PowerShell den zugehörigen Anweisungsblock nur dann aus, wenn das aktuelle Eingabeelement genau dem Wert entspricht, der über <Vergleichswert> angegeben wird. Wenn es sich bei dem aktuellen Eingabeobjekt um eine Zeichenkette handelt, wird bei der Überprüfung auf Groß- und Kleinschreibung geachtet.
-exact -e	Exakter Abgleich. Wenn diese Option aktiv ist, führt die PowerShell den zugehörigen Anweisungsblock nur dann aus, wenn das aktuelle Eingabeelement genau dem Wert entspricht, der über <Vergleichswert> angegeben wird. Dieser Abgleich beachtet keine Groß- und Kleinschreibung. Hierbei handelt es sich um das Standardverhalten.
-regex -r	Abgleich mit regulären Ausdrücken. Wenn diese Option aktiv ist, führt die PowerShell den zugehörigen Anweisungsblock nur dann aus, wenn das aktuelle Eingabeelement dem regulären Ausdruck entspricht, der in <Vergleichswert> angegeben wird. Dieser Abgleich berücksichtigt keine Groß- und Kleinschreibung.
-wildcard -w	Abgleich mit Platzhalter (Wildcards). Wenn diese Option aktiv ist, führt die PowerShell den dazugehörigen Anweisungsblock nur dann aus, wenn das aktuelle Eingabeelement mit dem Platzhalter übereinstimmt, der in <Vergleichswert> angegeben wird.

Tabelle 14: Optionen, die von der switch-Anweisung der PowerShell unterstützt werden (Forts.)

Option	Bedeutung
	Der Platzhalterabgleich unterstützt die folgenden einfachen Platzhalterzeichen: `?` Ein beliebiges einzelnes, nicht spezifiziertes Zeichen `*` Null oder mehrere nicht spezifizierte Zeichen `[a-b]` Alle Zeichen im Bereich von a-b `[ab]` Die spezifizierten Zeichen a oder b Dieser Abgleich berücksichtigt keine Groß- und Kleinschreibung.

Mit der Anweisung { `Ausdruck` } können Sie das aktuelle Eingabeelement (das in der Variablen `$_` abgespeichert ist) in einem beliebigen Skriptblock verarbeiten. Wenn die PowerShell eine { `Ausdruck` }-Anweisung verarbeitet, führt sie den zugehörigen Anweisungsblock nur dann aus, wenn { `Ausdruck` } `$true` ergibt.

Die PowerShell führt den zur (optionalen) `default`-Anweisung gehörenden Anweisungsblock nur dann aus, wenn keine anderen Anweisungen im `switch`-Body zutreffen.

Wenn die PowerShell eine `switch`-Anweisung verarbeitet, versucht sie, das aktuelle Eingabeobjekt gegen die einzelnen Anweisungen im `switch`-Body abzugleichen. Dabei geht sie aber auch dann in die nächsten Anweisungen, wenn bereits ein oder mehrere Ausdrücke zutreffend waren. Möchten Sie, dass die PowerShell eine `switch`-Anweisung verlässt, nachdem sie eine Übereinstimmung verarbeitet hat, müssen Sie im Anweisungsblock als letzte Anweisung eine `break`-Anweisung einfügen, z.B. so:

```
$myPhones = "(089) 699 310","123 456"
switch -regex ($myPhones)
{
  { $_.Length -le 8 }  { "Vorwahl wurde nicht angegeben";
                         break }
{ $_.Length -gt 8 }  { "Vorwahl wurde angegeben" }
"\((089)\).*"        { "Im Vorwahlbereich $($matches[1])" }
}
```

Das generiert folgende Ausgabe:

```
Vorwahl wurde angegeben
Im Vorwahlbereich 089
Vorwahl wurde nicht angegeben
```

TIPP

Sehen Sie sich für weitere Informationen über die `break`-Anweisung das folgende Kapitel *Schleifenanweisungen* an.

Standardmäßig behandelt die PowerShell dies als exakten Abgleich ohne Berücksichtigung der Groß- und Kleinschreibung. Die Optionen, die Sie der `switch`-Anweisung mitgeben, können dieses Verhalten allerdings ändern.

Schleifenanweisungen

Mit den Schleifenanweisungen der PowerShell können Sie Anweisungsgruppen mehrfach ausführen.

for-Anweisung

```
<: Schleifen_Label> for(<Initialisierung>; <Bedingung>;
<Schrittweite>)
{
   <Anweisungsblock>
}
```

Wenn die PowerShell eine `for`-Anweisung ausführt, führt sie zuerst den Ausdruck aus, der über `<Initialisierung>` vorgegeben wird, z. B. `$myCounter = 0`. Als Nächstes überprüft sie dann `<Bedingung>`, beispielsweise `$myCounter -lt 10`. Wenn `<Bedingung>` `$true` ergibt, führt die PowerShell den angegebenen Anweisungsblock aus. Danach führt sie die Anweisung aus, die in `<Schrittweite>` vorgegeben wird, beispielsweise `$myCounter++`. Die PowerShell führt dann den Anweisungsblock und die `<Schrittweite>`-Anweisung so lange aus, wie `<Bedingung>` `$true` ergibt, z.B. so:

```
$myCounter = 0
for ($myCounter = 0; $myCounter -lt 10; $myCounter++)
{
   "Zähler steht auf: $myCounter"
}
```

Bei den Anweisungen break und continue (werden weiter unten behandelt, siehe Seite 66) kann das Schleifen_Label einer beliebigen Schleifenanweisung als Zieladresse angegeben werden. Dies gilt ebenso für die nachfolgenden Schleifen-Anweisungen.

foreach-Anweisung

```
<: Schleifen_Label> foreach(<Variable> in <Ausdruck>)
{
   <Anweisungsblock>
}
```

Wenn die PowerShell eine foreach-Anweisung ausführt, verarbeitet sie die Pipeline, die mit <Ausdruck> angegeben wird, beispielsweise Get-Process | Sort Handles oder 1..10. Jedes Element, das durch diesen Ausdruck generiert wird, weist sie dann der Variablen zu, die durch <Variable> festgelegt wird, und führt anschließend den vorgegebenen Anweisungsblock aus, z.B. so:

```
$handleSum = 0;
foreach($process in Get-Process | sort Handles)
{
   $SCRIPT:handleSum += $process.Handles
}
$handleSum
```

while-Anweisung

```
<: Schleifen_Label> while(<Bedingung>)
{
   <Anweisungsblock>
}
```

Wenn die PowerShell eine while-Anweisung ausführt, wertet sie zuerst <Bedingung> aus, beispielsweise $myCounter -lt 10. Wenn

<Bedingung> $true ergibt, führt die PowerShell dann den angegebenen Anweisungsblock aus. Sie führt den Anweisungsblock so lange aus, wie <Bedingung> $true ergibt, z.B. so:

```
$command = "";
while($command -notmatch "Ende")
{
   $command = read-host "Geben Sie Ihren Befehl ein"
}
```

do...while-Anweisung/do...until-Anweisung

```
<: Schleifen_Label> do
{
   <Anweisungsblock>
} while(<Bedingung>)
```

oder

```
<: Schleifen_Label> do
{
   <Anweisungsblock>
} until(<Bedingung>)
```

Wenn die PowerShell eine do...while- oder eine do...until-Anweisung ausführt, führt sie als Erstes den angegebenen Anweisungsblock aus. In einer do...while-Anweisung führt die PowerShell den Anweisungsblock so lange aus, wie <Bedingung> $true ergibt. In einer do...until-Anweisung führt die PowerShell die Anweisung so lange aus, wie <Bedingung> $false ergibt, z.B. so:

```
$validResponses = "Ja","Nein"
$response = ""
do
{
   $SCRIPT:response = read-host "Ja oder nein?"
} while($validResponses -notcontains $response)
"So ist es."

$response = ""
do
{
```

```
    $SCRIPT:response = read-host "Ja oder nein?"
} until($validResponses -contains $response)
"So ist es."
```

Anweisungen zur Ablaufsteuerung

Die PowerShell unterstützt zwei Anweisungen, die Ihnen bei der Steuerung des Ablaufs innerhalb von Schleifen helfen: `break` und `continue`.

break

Die Anweisung `break` unterbricht die Ausführung der aktuellen Schleife. Die PowerShell fährt dann mit der Ausführung am Ende der aktuellen Schleifenanweisung fort, so als wäre die Schleifenanweisung vollständig durchlaufen worden. Wenn Sie mit der `break`-Anweisung ein Label angeben – beispielsweise `break OUTER_LOOP` –, unterbricht die PowerShell stattdessen die Ausführung dieser Schleife, z.B. so:

```
foreach($x in 1..5)
{
    if($x % 2 -eq 0) { break; }
    "Wir sind hier: $x"
}
```

Das generiert diese Ausgabe hier:

```
Wir sind hier: 1
```

continue

Die `continue`-Anweisung überspringt die Ausführung des restlichen aktuellen Anweisungsblocks. Die PowerShell fährt dann mit dem nächsten Durchlauf der aktuellen Schleifenanweisung fort, so als wäre der Anweisungsblock vollständig durchlaufen worden. Sie können optional ein Label angeben, beispielsweise `continue MY_LOOP`.

```
foreach($x in 1..5)
{
if($x % 2 -eq 0) { continue; }
"Wir sind hier: $x"
}
```

```
:my_loop foreach($x in 1..5)
{
if($x % 2 -eq 0) { continue my_loop; }
"Wir sind hier: $x"
}
```

In beiden Fällen wird diese Ausgabe generiert:

```
Wir sind hier: 1
Wir sind hier: 3
Wir sind hier: 5
```

Mit dem .NET Framework arbeiten

Ein Feature, das der PowerShell zu ihrer unglaublichen Verbreitung sowohl in der Systemadministration als auch bei der Anwendungsentwicklung verholfen hat, ist die Möglichkeit, das riesige und umfassende .NET Framework von Microsoft wirksam einsetzen zu können.

Beim .NET Framework handelt es sich um eine große Ansammlung von Klassen. Jede Klasse verkörpert ein bestimmtes Konzept und fasst eng miteinander verwandte Funktionalitäten und Informationen zusammen.

Ein Beispiel für eine solche Klasse ist `System.Diagnostics.Process`, eine Zusammenfassung der Funktionalitäten, die den Zugriff auf lokale und entfernte Prozesse ermöglichen und mit denen Sie lokale Systemprozesse starten und stoppen können.

Klassen enthalten *Methoden* (mit denen Sie Operationen durchführen können) sowie *Eigenschaften* (mit denen Sie auf Informationen zugreifen können).

Die Begriffe *Typ* und *Klasse* können synonym verwendet werden.

Statische Methoden

```
[KlassenName]::MethodenName(Parameterliste)
```

Einige Methoden beziehen sich nur auf das von der Klasse repräsentierte Konzept. Beispielsweise bezieht sich das Abrufen aller laufenden Prozesse auf einem System auf das allgemeine Konzept der Prozesse. Methoden, die auf die Klasse als Ganzes angewandt werden, werden *statische Methoden* genannt.

Beispielsweise enthält

```
PS > [System.Diagnostics.Process]::GetProcessById(0)
```

den Prozess mit der ID 0 und zeigt die folgende Ausgabe an:

```
Handles  NPM(K)   PM(K)   WS(K)   VM(M)    CPU(s)    Id ProcessName
-------  ------   -----   -----   -----    ------    -- -----------
      0       0       0      16       0               0 Idle
```

Instanzmethoden

```
$objektReferenz.MethodenName(Parameterliste)
```

Einige Methoden beziehen sich nur auf bestimmte konkrete Ausprägungen (*Instanzen* genannt) einer Klasse. Ein Beispiel dafür wäre ein Prozess, der tatsächlich gerade auf dem System läuft, im Gegensatz zum allgemeinen Konzept der Prozesse. Wenn `$objektReferenz` sich auf einen bestimmten `System.Diagnostics.Process` bezieht (beispielsweise als Ausgabe von `GetProcessById()`), möchten Sie diesen vielleicht starten, ihn beenden oder darauf warten, dass er sich beendet. Methoden, die auf Instanzen von Klassen arbeiten, nennt man *Instanzmethoden*. Der Begriff *Objekt* wird häufig synonym für den Begriff *Instanz* verwendet.

Hier sehen Sie ein Beispiel:

```
PS > $process =
  [System.Diagnostics.Process]::GetProcessById(0)
PS > $process.Refresh()
```

Das speichert den Prozess mit der ID 0 in der Variablen `$process` ab. Dann wird auf diesem bestimmten Prozess die Instanzmethode `Refresh()` aufgerufen.

TIPP

Wenn Sie mehr über die verschiedenen Parameter (*Overloads*) erfahren möchten, die eine bestimmte Methode unterstützt, dann geben Sie den Methodennamen ohne irgendwelche Parameter ein:

```
PS > $now = [DateTime]::Now
PS > $now.AddDays

MemberType          : Method
OverloadDefinitions : {System.DateTime AddDays(Double
                      value)}
TypeNameOfValue     : System.Management.Automation.
                      PSMethod
Value               : System.DateTime AddDays(Double
                      value)
Name                : AddDays
IsInstance          : True
```

Statische Eigenschaften

```
$objektReferenz.EigenschaftenName
```

oder

```
$objektReferenz.EigenschaftenName = <Wert>
```

Wie bei den statischen Methoden auch, beziehen sich einige Eigenschaften nur auf Informationen über das durch die Klasse repräsentierte Konzept. Die Klasse `System.DateTime` beispielsweise repräsentiert einen Zeitausschnitt, normalerweise ausgedrückt als Tagesdatum und Uhrzeit. Diese Klasse bietet eine statische Eigenschaft `Now`, die die aktuelle Uhrzeit zurückliefert:

```
PS > [System.DateTime]::Now
Sonntag, 10. Juli 2016 21:00:00
```

Auch wenn das relativ selten ist, können Sie doch bei manchen Typen den Wert einiger statischer Eigenschaften setzen.

Instanzeigenschaften

```
$objektReferenz.EigenschaftenName
```

oder

```
$objektReferenz.EigenschaftenName = <Wert>
```

Wie bei den Instanzmethoden auch, gibt es einige Eigenschaften, die sich nur auf bestimmte konkrete Ausprägungen (*Instanzen* genannt) einer Klasse beziehen. Ein Beispiel dafür wäre ein tatsächlicher Zeitausschnitt, im Gegensatz zum allgemeinen Konzept von Datum und Zeit. Wenn sich `$objektReferenz` auf eine bestimmte `System.DateTime` bezieht (beispielsweise als Ausgabe von `[System.DateTime]::Now`), möchten Sie vielleicht dessen Wochentag, Tag oder Monat erfahren. Eigenschaften, die Informationen über Instanzen einer Klasse zurückliefern, werden *Instanzeigenschaften* genannt.

Das kann z.B. so aussehen:

```
PS > $now = [System.DateTime]::Now
PS > $now.DayOfWeek
Sunday
```

Das speichert das aktuelle Datum in der Variablen `$now`. Dann wird auf diesem bestimmten Datum die Instanzeigenschaft `DayOfWeek` aufgerufen.

Etwas über Typen lernen

Will man etwas über Klassen und Typen lernen, sind die beiden wichtigsten Hilfsmittel das Cmdlet *Get-Member* und die Dokumentation zum .NET Framework.

Das Cmdlet Get-Member

Wenn Sie wissen möchten, welche Methoden und Eigenschaften ein bestimmter Typ unterstützt, dann schicken Sie ihn durch das Cmdlet *Get-Member* (siehe Tabelle 15).

Tabelle 15: Mit dem Cmdlet Get-Member arbeiten

Aktion	Ergebnis
`[<KlassenName>] | Get-Member -static`	Alle statischen Methoden und Eigenschaften eines bestimmten Typs.
`$objektReferenz | Get-Member -static`	Alle statischen Methoden und Eigenschaften, die von diesem Typ in `$objektReferenz` bereitgestellt werden.
`$objektReferenz | Get-Member`	Alle Instanzmethoden und -eigenschaften, die von diesem Typ in `$objektReferenz` zur Verfügung gestellt werden.

Tabelle 15: Mit dem Cmdlet Get-Member arbeiten (Forts.)

Aktion	Ergebnis
`[<KlassenName>] | Get-Member`	Alle Instanzmethoden und -eigenschaften, die von dieser speziellen Instanz einer Klasse zur Verfügung gestellt werden.

.NET Framework-Dokumentation

Eine weitere Informationsquelle über die Klassen im .NET Framework ist die Dokumentation selbst, die über die Suchfunktionen auf *http://msdn.microsoft.com*
zur Verfügung steht.

Die typische Dokumentation einer Klasse beginnt zuerst mit einer allgemeinen Übersicht und bietet dann einen Hyperlink auf die »Member« (Mitglieder) dieser Klasse, die Liste mit den von ihr unterstützten Methoden und Eigenschaften.

TIPP

Wenn Sie schnell an die Dokumentation der Member herankommen möchten, suchen Sie explizit nach diesen Membern, indem Sie den Begriff »member« an Ihren MSDN-Suchbegriff anfügen:

```
<KlassenName> member
```

Die Dokumentation der Member einer Klasse listet deren Methoden und Eigenschaften auf und verwendet zur Darstellung statischer Methoden und Eigenschaften ein S-Symbol. Klicken Sie für weitere Informationen über diesen Member auf den Member-Namen – zu diesen weiteren Informationen gehört auch der Objekttyp, den der Member generiert.

Typabkürzungen

Wenn Sie einen Typnamen angeben, können Sie bei der PowerShell für einige der am häufigsten verwendeten Typen eine Kurzform verwenden (siehe Tabelle 16).

Tabelle 16: Abkürzungen der PowerShell-Typen

Typabkürzung	Vollständiger Klassenname
[Adsi]	[System.DirectoryServices.DirectoryEntry]
[Hashtable]	[System.Collections.Hashtable]
[PSObject]	[System.Management.Automation.PSObject]
[Ref]	[System.Management.Automation.PSReference]
[Regex]	[System.Text.RegularExpressions.Regex]
[ScriptBlock]	[System.Management.Automation.ScriptBlock]
[Switch]	[System.Management.Automation.SwitchParameter]
[Wmi]	[System.Management.ManagementObject]
[WmiClass]	[System.Management.ManagementClass]
[WmiSearcher]	[System.Management.ManagementObjectSearcher]
[Xml]	[System.Xml.XmlDocument]
[<TypName>]	[System.<TypName>]

Eine vollständige Liste aller Typabkürzungen (type accelerators) erhalten Sie mithilfe einer weiteren Typakbürzung:

```
[accelerators]::get
```

Instanzen von Typen anlegen

```
$objektReferenz = New-Object TypName [Parameterliste]
```

Auch wenn statische Methoden und Eigenschaften einer Klasse Objekte generieren, werden Sie doch häufig diese Objekte selbst anlegen wollen. Mit dem Cmdlet *New-Object* der PowerShell können Sie eine Instanz des von Ihnen angegebenen Typs anlegen. Die Parameterliste muss zu der Parameterliste passen, die von einem der Typenkonstruktoren akzeptiert wird, so wie es auf MSDN dokumentiert ist.

Das kann z.B. so aussehen:

```
$webClient = New-Object Net.WebClient
$webClient.DownloadString('http://search.msn.com')
```

Die am häufigsten verwendeten Typen stehen standardmäßig zur Verfügung. Viele jedoch erst dann, wenn Sie die Bibliothek (»Assembly« genannt) laden, in der sie definiert werden.

Um eine Assembly zu laden, verwenden Sie die Methoden, die von der Klasse `System.Reflection.Assembly` zur Verfügung gestellt werden:

```
PS > [Reflection.Assembly]::LoadWithPartialName('System.Web')
GAC    Version        Location
---    -------        --------
True   v4.0.30319     C:\WINDOWS\assembly\GAC_64\(...)\System.
                                                        Web.dll

PS > [Web.HttpUtility]::UrlEncode('http://search.msn.com')
http%3a%2f%2fsearch.msn.com
```

WARNUNG

Die Methode `LoadWithPartialName` ist nicht für Skripte geeignet, die Sie mit anderen gemeinsam nutzen oder in einer produktiven Umgebung einsetzen möchten. Sie lädt die aktuellste Version der Assembly, die eventuell nicht die gleiche ist, die Sie zur Entwicklung Ihres Skripts verwendet haben. Wenn Sie eine Assembly auf die sicherste Art laden möchten, verwenden Sie ihren vollständig qualifizierten Namen zusammen mit der Methode `[Reflection.Assembly]::Load()`..

Mit COM-Objekten zusammenarbeiten

Mit der PowerShell können Sie auf die gleiche Art und Weise auf Methoden und Eigenschaften von COM-Objekten zugreifen, wie Sie es auch mit Objekten des .NET Frameworks tun würden. Um mit einem COM-Objekt zusammenarbeiten zu können, verwenden Sie `New-Object` zusammen mit der Programm-ID des COM-Objekts und dem Parameter `-ComObject` (der häufig `-Com` abgekürzt wird):

```
$shell = New-Object -Com Shell.Application
$shell.Windows() | select LocationName,LocationUrl
```

Typen erweitern

Die PowerShell unterstützt zwei Verfahren, mit denen Sie einem beliebigen Typ Ihre eigenen Methoden und Eigenschaften hinzufügen können: das Cmdlet `Add-Member` und eine individuell angepasste Typerweiterungsdatei.

Das Cmdlet Add-Member

Mit dem Cmdlet *Add-Member* können Sie einem Objekt dynamisch Methoden, Eigenschaften und andere Dinge hinzufügen. Es unterstützt die in Tabelle 17 aufgeführten Erweiterungen.

Tabelle 17: Ausgewählte Member-Typen, die vom Cmdlet Add-Member unterstützt werden

Member-Typ	Bedeutung

`AliasProperty`	Eine Eigenschaft, die als Alias einer anderen Eigenschaft festgelegt wurde:
	`$testObject = [PsObject] "Test"`
	`$testObject | Add-Member "AliasProperty" Count Length`
	`$testObject.Count`

`CodeProperty`	Eine Eigenschaft, die durch `System.Reflection.MethodInfo` festgelegt wird. Diese Methode muss `public` und `static` sein, Ergebnisse zurückliefern (`nonvoid`) und einen Parameter des Typs `PsObject` entgegennehmen.

`NoteProperty`	Eine Eigenschaft, die durch den von Ihnen gelieferten Anfangswert bestimmt wird:
	`$testObject = [PsObject] "Test"`
	`$testObject | Add-Member NoteProperty Reversed tseT`
	`$testObject.Reversed`

`ScriptProperty`	Eine Eigenschaft, die durch den von Ihnen vorgegebenen Skriptblock bestimmt wird. In diesem Skriptblock bezieht sich `$this` auf die aktuelle Instanz:
	`$testObject = [PsObject] ("Hi" * 100)`
	`$testObject | Add-Member ScriptProperty IsLong {`
	`    $this.Length -gt 100`
	`}`
	`$testObject.IsLong`

Tabelle 17: Ausgewählte Member-Typen, die vom Cmdlet Add-Member unterstützt werden (Forts.)

Member-Typ	Bedeutung
`PropertySet`	Eine Eigenschaft, die als Abkürzung für eine Reihe von Eigenschaften festgelegt wird. Wird in Cmdlets wie beispielsweise *Select-Object* eingesetzt: `$testObject = [PsObject] [DateTime]::Now` `$collection =New-Object "System.Collections.` `ObjectModel.Collection``1[System.String]"` `$collection.Add("Month")` `$collection.Add("Year")` `$testObject \| Add-Member PropertySet` `MonthYear` `$collection` `$testObject | select MonthYear`
`CodeMethod`	Eine Methode, die von `System.Reflection.MethodInfo` bestimmt wird. Diese Methode muss `public` und `static` sein und einen Parameter des Typs `PsObject` entgegennehmen.

`ScriptMethod`	Eine Methode, die durch den von Ihnen angegebenen Skriptblock bestimmt wird. In diesem Skriptblock bezieht sich `$this` auf die aktuelle Instanz und `$args` auf die Eingabeparameter:
	`$testObject = [PsObject] "Hello"`
	`$testObject | Add-Member ScriptMethod IsLong`
	`{`
	`    $this.Length -gt $args[0]`
	`}`
	`$testObject.IsLong(3)`
	`$testObject.IsLong(100)`

Angepasste Typerweiterungsdateien

Sie können mit dem Cmdlet *Add-Member* zwar individuelle Objekte anpassen, die PowerShell unterstützt aber auch Konfigurationsdateien, mit denen Sie alle Objekte eines bestimmten Typs anpassen können. Vielleicht möchten Sie ja beispielsweise allen Zeichenketten eine `Reverse()`-Methode oder allen Typen eine `HelpUrl`-Eigenschaft (basierend auf den MSDN »Url-Aliassen«) hinzufügen.

Die PowerShell fügt der Datei *types.ps1xml* mehrere Typerweiterungen hinzu, die sich im PowerShell-Installationsverzeichnis befindet. Diese Datei ist als Ideenquelle für Beispiele hilfreich, Sie sollten sie aber nicht direkt bearbeiten. Erstellen Sie stattdessen eine neue Erweiterungsdatei und laden Sie dann Ihre Anpassungen mit dem Cmdlet *Update-TypeData*. Der folgende Befehl lädt *types.custom.ps1xml* aus demselben Verzeichnis, in dem sich auch Ihr Profil befindet:

```
$typesFile = Join-Path (Split-Path $profile)
  "Types.Custom.Ps1Xml"
Update-TypeData -PrependPath $typesFile
```

Mit der PowerShell Version 3.0 haben Sie eine weitere Möglichkeit, zur Laufzeit Ihrer Session die verwendeten Typen zu aktualisieren. Verwenden Sie dazu ebenfalls das Cmdlet *Update-TypeData*. Sollten Sie die Modifikation nicht mehr benötigen, entfernen Sie diese mit dem Cmdlet *Remove-TypeData*.

Sind mehrere Typdefinitionen vorhanden, werden zuerst die mitgelieferten der PowerShell selbst geladen, dann die aus Modulen und zuletzt Ihre eigenen.

Skripte schreiben, Funktionalität wiederverwenden

Wenn Sie Ihre Befehle zusammenpacken und wiederverwenden möchten, legen Sie diese am besten in Skripte und Funktionen ab. Ein *Skript* ist eine Textdatei, die eine Abfolge von PowerShell-Befehlen enthält. Eine *Funktion* ist ebenfalls eine Abfolge von PowerShell-Befehlen, sie wird aber normalerweise innerhalb eines Skripts eingesetzt, um dieses Skript in kleinere, besser verständliche Abschnitte aufzuteilen.

Skripte schreiben

Wenn Sie ein Skript schreiben möchten, schreiben Sie Ihre PowerShell-Befehle in einen Texteditor und speichern die Datei mit der *.ps1*-Dateierweiterung ab.

Skripte ausführen

Man kann Skripte sowohl durch einfaches Aufrufen als auch mittels Dot-Sourcing ausführen.

Aufrufen

Wird ein Skript aufgerufen, werden die Befehle ausgeführt, die sich darin befinden. Wenn es nicht explizit mit dem Geltungsbereich-Schlüsselwort `GLOBAL` festgelegt wurde, bleiben die Variablen und Funktionen, die in dem Skript festgelegt wurden, nicht erhalten, wenn sich das Skript beendet.

Mit dem Aufrufoperator (&) und dem Skriptnamen als Parameter rufen Sie ein Skript auf:

```
& 'C:\SkriptVerzeichnis\Run-Commands.ps1' <Parameterliste>
```

Sie können dafür entweder einen vollständig qualifizierten Pfad verwenden oder aber einen Pfad, der sich relativ zum aktuellen Pfad befindet. Wenn sich das Skript im aktuellen Verzeichnis befindet, müssen Sie das explizit angeben:

```
.\Run-Commands.ps1 <Parameterliste>
```

Wenn der Pfad keine Leerzeichen enthält, können Sie sowohl die Anführungszeichen als auch den Aufrufoperator weglassen.

Dot-Sourcing

Wird ein Skript über Dot-Sourcing aufgerufen, werden die Befehle innerhalb des Skripts ausgeführt. Anders als beim einfachen Aufrufen eines Skripts bleiben die im Skript festgelegten Variablen und Funktionen erhalten, nachdem sich das Skript beendet hat.

Sie rufen dabei ein Skript mithilfe des Punktoperators (.) und mit dem Skriptnamen als Parameter auf:

```
. 'C:\SkriptVerzeichnis\Run-Commands.ps1' <Parameterliste>
```

Sie können entweder einen vollständig qualifizierten Pfad verwenden oder aber einen Pfad, der sich relativ zum aktuellen Pfad befindet. Wenn sich das Skript im aktuellen Verzeichnis befindet, müssen Sie das explizit angeben:

```
. .\Run-Commands.ps1 <Parameterliste>
```

Wenn der Pfad keine Leerzeichen enthält, können Sie die Anführungszeichen auch weglassen.

TIPP

In der Standardkonfiguration verhindert eine Sicherheitsfunktion der PowerShell mit dem Namen »Execution Policy« die Ausführung von Skripten. Um die verschiedenen Ausführungsrichtlinien zu verstehen, die Ihnen zur Verfügung stehen, geben Sie `Get-Help about_Execution_Policies` und `Get-Help about_signing` ein. Nachdem Sie eine Ausführungsrichtlinie ausgewählt haben, konfigurieren Sie diese mit dem Cmdlet *Set-ExecutionPolicy*:

```
Set-ExecutionPolicy RemoteSigned
```

Eingaben an Skripte übergeben

Die PowerShell bietet mehrere Möglichkeiten dazu, wie Eingaben, die einem Skript übergeben werden, verarbeitet werden können.

Argument-Array

Wenn Sie auf die Kommandozeilenargumente über deren Position zugreifen möchten, verwenden Sie das Array `$args`, das in allen Skripten zur Verfügung steht:

```
$firstArgument = $args[0]
$secondArgument = $args[1]
$argumentCount = $args.Count
```

Formalparameter

```
param([<TypName>] $VariablenName = <Standardwert>, ...)
```

Mit Formalparametern können Sie von einigen der vielen Vorteile der durchgängigen Kommandozeilen-Parsing-Engine der PowerShell profitieren.

Die PowerShell legt Ihre Parameternamen (`$VariablenName`) genauso offen, wie sie das in Cmdlets macht. Die Benutzer müssen lediglich genug von Ihrem Parameternamen eingeben, damit er eindeutig von den anderen Parametern unterschieden werden kann. Wenn der Benutzer den Parameternamen nicht angibt, versucht die PowerShell, die Eingabe anhand der Position Ihren Parametern zuzuweisen.

Geben Sie einen Typnamen an, stellt die PowerShell sicher, dass die Benutzereingabe auch diesem Typ entspricht. Geben Sie jedoch einen Standardwert an, nimmt die PowerShell diesen Wert, wenn der Benutzer für diesen Parameter keine Eingabe vornimmt.

TIPP

Wenn Sie einen Parameter als zwingend erforderlich einrichten möchten, definieren Sie Ihren Standardwert so, dass er eine Fehlermeldung auswirft:

```
param($mandatory = $(throw "Bitte geben Sie den zwingend
erforderlichen Parameter ein."))
```

Pipeline-Eingabe

Wollen Sie auf Daten zugreifen, die Ihrem Cmdlet über die Pipeline übergeben werden, verwenden Sie den Zähler `$input`, der allen Skripten zur Verfügung steht:

```
foreach($element in $input)
{
   "Eingabe war: $element"
}
```

Bei der Variablen `$input` handelt es sich um einen .NET-Zähler für die Pipeline-Eingabe. Zähler unterstützen Datenstromszenarien sehr effizient, ermöglichen Ihnen allerdings keinen Zugriff auf beliebige Elemente wie in einem Array. Wenn Sie deren Elemente noch einmal verarbeiten möchten, müssen Sie auf dem `$input`-Zähler die Methode `Reset()` aufrufen, sobald Sie das Ende erreicht haben.

Wenn Sie auf die Pipeline-Eingabe auf unstrukturierte Art und Weise zugreifen müssen, konvertiert der folgende Befehl den Eingabezähler in ein Array:

```
$inputArray = @($input)
```

Cmdlet-Schlüsselwörter in Skripten

Verwenden Sie für Ihr Skript hauptsächlich die Pipeline als Eingabe, können Sie Anweisungsblöcke mit den Bezeichnungen begin, process und end einfügen:

```
param(...)

begin{
  ...
}
process
{
  ...
}
end
{
  ...
}
```

Die PowerShell führt die `begin`-Anweisung beim Laden Ihres Skripts aus, die `process`-Anweisung für jedes Element, das durch die Pipeline läuft, und die `end`-Anweisung, sobald alle Pipeline-Eingaben verarbeitet wurden. Im `process`-Anweisungsblock stellt die Variable `$_` das aktuelle Pipeline-Objekt dar.

Wenn Sie ein Skript schreiben, das diese Schlüsselwörter enthält, müssen alle Befehle Ihres Skripts innerhalb der Anweisungsblöcke stehen.

Automatische Variable $MyInvocation

Die automatische Variable `$MyInvocation` enthält Informationen über den Kontext, in dem das Skript ausgeführt wurde, inklusive des vollständigen Dateinamens (`MyCommand`) und weiterer Details.

Ausgaben von Skripten entgegennehmen

Pipeline-Ausgabe

```
<beliebiger Befehl>
```

Der Rückgabewert/die Ausgabe eines Skripts sind alle Daten, die das Skript auf die Pipeline schreibt. Wenn ein Skript die Befehle

```
"Textausgabe"
5*5
```

enthält, wird durch die Zuweisung der Ausgabe dieses Skripts an eine Variable ein Array mit den beiden Werten `Textausgabe` und `25` erstellt.

Return-Anweisung

```
return <Wert>
```

Die Anweisung

```
return $false
```

ist lediglich eine Kurzform für die Pipeline-Ausgabe

```
$false
return
```

Exit-Anweisung

```
exit <ErrorLevel>
```

Die `exit`-Anweisung liefert Fehlercodes zurück. Sie setzt die automatische Variable `$LastExitCode` auf `<ErrorLevel>`, wodurch die automatische Variable `$?` auf `$false` gesetzt wird, wenn `<ErrorLevel>` größer als null ist.

TIPP

Sehen Sie sich im Referenzteil den Abschnitt »Beispielgetriebenes Parsen in PowerShell 5« auf Seite 140 für weitere Informationen zu den automatischen Variablen an.

Funktionen

```
function Geltungsbereich:<Funktionsname>(Parameterdeklaration)
{
   <Anweisungsblock>
}
```

oder

```
filter Geltungsbereich:<Filtername>(Parameterdeklaration)
{
   <Anweisungsblock>
}
```

Mit Funktionen können Sie Blöcke eng miteinander verwandter Befehle in einer einzigen Einheit zusammenfassen, auf die Sie über deren Namen zugreifen.

Gültige Namen für den Geltungsbereich sind `global` (um eine Funktion zu erstellen, die der gesamten Shell zur Verfügung steht), `script` (um eine Funktion zu erstellen, die nur dem aktuellen Skript zur Verfügung steht), `local` (um eine Funktion zu erstellen, die nur für den aktuellen Geltungsbereich und die sich daraus ableitenden Geltungsbereiche zur Verfügung steht) und `private` (um eine Funktion zu erstellen, die nur für den aktuellen Geltungsbereich zur Verfügung steht). Der Standardgeltungsbereich ist der gerade aktuelle Geltungsbereich.

Der Inhalt eines Anweisungsblocks innerhalb einer Funktion unterliegt den gleichen Regeln wie der Inhalt eines Skripts. Funktionen unterstützen das Array `$args`, Formalparameter, den `$input`-Zähler, Cmdlet-Schlüsselwörter, Pipeline-Ausgabe und die entsprechende `return`-Semantik.

Die Parameterdeklaration als Alternative zu einer `param`-Anweisung folgt der gleichen Syntax wie die Formal-Parameterliste, benötigt aber nicht das Schlüsselwort `param`.

Bei einem Filter handelt es sich lediglich um eine Funktion, in der die Anweisungen so behandelt werden, als würden sie sich innerhalb eines `process`-Anweisungsblocks befinden.

TIPP

Befehle in Ihrem Skript können nur auf Funktionen zugreifen, die bereits definiert wurden. Das kann häufig dazu führen, dass große Skripte schwer zu verstehen sind, wenn der Anfang des Skripts nur aus Hilfsfunktionen besteht. Strukturiert man ein Skript auf die folgende Art und Weise, wird das Skript häufig übersichtlicher:

```
function Main
{
    (...)
    HelperFunction
    (...)
}
```

```
function HelperFunction
{
   (...)
}
. Main
```

Wie ein Skript können Sie auch eine Funktion entweder aufrufen oder über Dot-Sourcing ausführen.

Erweiterte Funktionen

Als eine der großen Änderungen der PowerShell-Version 2.0 gelten die erweiterten Funktionen (*advanced functions*). Damit sind Sie in der Lage, Funktionen zu schreiben und ihnen das Laufzeitverhalten echter Cmdlets zu geben. Während »echte« Cmdlets in einer »echten« Programmiersprache auf Basis des .NET Frameworks geschrieben werden, können Sie die erweiterten Funktionen in der PowerShell-Skriptsprache programmieren. Den Schlüssel dazu bietet Ihnen das Attribut *CmdletBinding*. Durch die Verwendung dieses Attributs werden Ihre Funktionen von der PowerShell wie Cmdlets behandelt. Sie deklarieren das Attribut, wie im folgenden Beispiel gezeigt, einfach im Anfangsbereich Ihrer eigenen Funktion vor der Parameterdefinition.

```
function write-Value{
[CmdletBinding()]
Param(
[Parameter(Mandatory=$true)]
[string] $value
)
Process
    {
write-host ("Der übergebene Wert lautet " + $value + "!")
}
}
```

In einigen wenigen Punkten werden erweiterte Funktionen nicht wie kompilierte Cmdlets funktionieren. Details dazu entnehmen Sie bitte der PowerShell-Hilfe unter dem Begriff »about_Functions_Advanced«.

Damit sich Ihre Funktion wie ein Cmdlet verhält, sind aber noch weitere Angaben erforderlich. Dazu schauen wir uns diese erweiterte Deklaration eines *CmdletBindings* einmal etwas genauer an:

```
[CmdletBinding(SupportsShouldProcess=<Boolean>,
ConfirmImpact=<String>,
DefaultParameterSetName=<String>)]
```

Die einfache Deklaration wurde um drei Argumente erweitert. Diese wurden in den runden Klammern der Deklaration hinterlegt. Das Argument *SupportsShouldProcess* kann mit den booleschen Werten *$false* oder *$true* gefüllt werden. Wenn der Wert auf *$true* gesetzt wird, können Sie bei Änderungen, die Sie als kritisch einstufen, veranlassen, dass der Anwender diese bestätigen muss. Dabei steuern Sie durch das zweite Argument *ConfirmImpact* und den dort festgelegten Wert, z.B. »*High*«, ob eine Bestätigung eingeholt wird oder nicht. Der Wert von *ConfirmImpact* wird durch die PowerShell gegen den Wert der automatischen Variable *$ConfirmPreference* verglichen. Ist *ConfirmImpact* gleichwertig oder höher und gleichzeitig *SupportsShouldProcess* auf *$true*, wird der Benutzer zur Bestätigung der Aktion aufgefordert.

Das verbleibende Argument *DefaultParameterSetName* ist mit einem Rettungsanker vergleichbar: Die PowerShell versucht bei der Verarbeitung der Parameter eines Cmdlet (und als solches behandelt es Ihre erweiterte Funktion), den jeweils gültigen Parametersatz anhand der verwendeten Parameter zu identifizieren. Sollte das nicht gelingen, greift die PowerShell auf den Wert dieses Arguments zurück und nutzt die Parameter, die darin definiert sind, zur Verarbeitung.

TIPP

Mehr Informationen zu dem Thema finden Sie in der Hilfe unter *Get-Help about_Functions_Advanced_Methods* und *Get-Help about_ Functions_Advanced_Parameters.*

Skriptblöcke

```
$objektReferenz =
{
   <Anweisungsblock>
}
```

Die PowerShell unterstützt Skriptblöcke, die sich genau wie nicht benannte Funktionen und Skripte verhalten. Wie bei Skripten und Funktionen folgt auch der Inhalt eines Anweisungsblocks innerhalb eines Skriptblocks den gleichen Regeln wie der Inhalt einer Funktion oder eines Skripts. Skriptblöcke unterstützen das Array `$args`, Formalparameter, den `$input`-Zähler, Cmdlet-Schlüsselwörter, Pipeline-Ausgabe und die entsprechende `return`-Semantik.

Wie bei Skripten und Funktionen können Sie einen Skriptblock entweder aufrufen oder über Dot-Sourcing ausführen.

Integrated Scripting Environment (ISE)

Als einer der größten Mängel der ersten PowerShell-Version wurde das Fehlen eines Editors betrachtet. Mit der Version 2.0 hat Microsoft einen eigenen Editor nachgeliefert und in der Version 3.0 weiterentwickelt, das *Integrated Scripting Environment*, kurz: ISE, zu Deutsch *integrierte Scripting-Umgebung*.

Anfang 2016 hat Microsoft die Weiterentwicklung der ISE aufgespalten: Unter der Bezeichnung »PowerShellISE-preview« sollen unabhängig vom Erscheinungstermin neuer PowerShell-Versionen neue Funktionen ergänzt und erprobt werden. Die neue Variante lässt sich parallel zur regulären ISE nutzen und kann über die PowerShell Gallery installiert werden.

```
Install-Module -Name PowerShellISE-preview
```

Sie starten die ISE über das Startmenü, das Kontextmenü einer PowerShell-Verknüpfung oder die Eingabe von `ISE` in der Konsole (isep für die Previewversion).

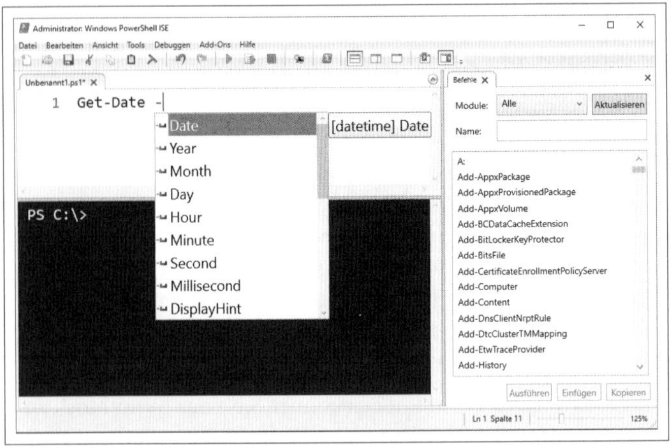

Abbildung 9: Das Integrated Scripting Environment (ISE) in Windows 10

Über das Menü *Ansicht* können Sie jederzeit Bereiche ein- und ausblenden.

Der Skriptbereich kann mehrere Skripte gleichzeitig auf jeweils einzelnen Registerkarten geöffnet haben, vergleichbar mit den Tabs eines Browsers. Über den Menüpunkt *Datei/Neue Remote-PowerShell Registerkarte* können sogar einzelne Registerkarten geöffnet werden, die dann Ihre Skripte auf dem entfernten Rechner zur Ausführung bringen. Wenn Sie diesen Menüpunkt auswählen, werden Sie zur Angabe eines Rechnernamens und der entsprechenden Kennung mit administrativen Rechten auf diesem Rechner aufgefordert.

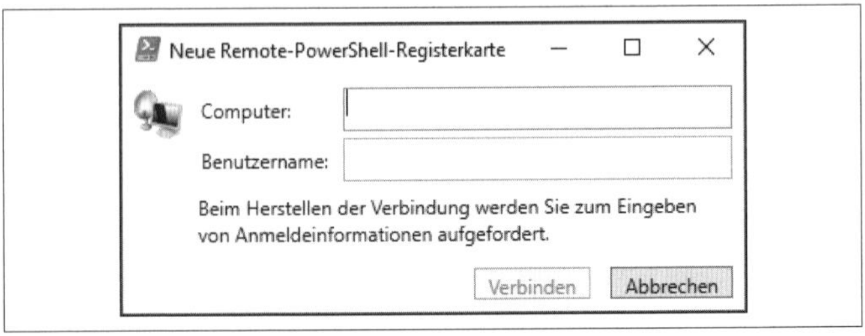

Abbildung 10: Remoting in der ISE

Über das eigene Objektmodell können Sie auch eigene Skripte in die ISE einbauen. Diese werden dann über einen neuen Eintrag in der Menüzeile mit dem Namen *Add-Ons* angezeigt. Die Hilfe der PowerShell erklärt die Erweiterungsmöglichkeiten ausführlich.

Sollten Sie in der deutschen ISE den Bereich *Befehle*, eigentlich ein angedocktes Show-Command-Fenster, geschlossen haben, können Sie ihn über den Menüpunkt *Ansicht/Befehls-Add-On anzeigen* wieder einblenden.

Über die PowerShell Gallery sind Erweiterungen für die ISE installierbar. Ein sehr mächtiges, aber kostenpflichtiges Add-on sind die »ISE Steroids« von Tobias Weltner. Das Programm lässt sich mittels PowerShell Gallery installieren und kostenlos testen. Mehr über die PowerShell Gallery erfahren Sie im Kapitel *Softwareverteilung mit PowerShell 5* auf Seite 115.

```
Install-Module -name ISESteroids
```

(W)MI

Windows Management Infrastructure (MI), vielen bekannt unter der älteren Bezeichnung Windows Management Instrumentation (WMI), ist Microsofts Implementierung des Industriestandards WBEM (Web Based Enterprise Management) der DMTF (Desktop Management Task Force). Mit der Einführung der PowerShell 3 hat Microsoft grundlegende Änderungen an WMI vorgenommen, um die Interoperabilität zu anderen Betriebssystemen zu gewährleisten sowie zahlreiche Verbesserungen im Kontext von Verarbeitungsgeschwindigkeit und Sicherheit zu erzielen. Zu diesem Zweck entwickelte Microsoft eine neue Programmierschnittstelle, die »MI Client API«, und setzt für den Transport der Datenpakete im Netzwerk das moderne WS-Man-Protokoll ein. WS-Man ist ebenfalls ein DMTF-Standard, der auf Basis von XML-Webservices und SOAP den plattformübergreifenden Austausch von Daten ermöglicht. WS-Man löst die proprietäre Kommunikation via DCOM (Distributed Component Object Model) ab, die zum Zugriff auf WMI traditionell zum Einsatz kommt, und implementiert einen weitgehend standardkonformen »Common Information Model Object Manager« (CIMOM). In PowerShell 3 (und später) stehen sowohl die alten WMI-Cmdlets, die weiterhin über DCOM kommunizieren, sowie die CIM-Cmdlets, die die neue API nutzen, zur Verfügung.

Aufgrund der zahlreichen Abkürzungen und einer manchmal verwirrenden Benennung der Technologien und Werkzeuge findet sich im Sprachgebrauch undifferenziert der Begriff »WMI«. Offiziell spricht Microsoft jedoch bezüglich der aktuellen Implementierung von Windows Management Infrastructure (MI) und dem Standard Common Information Model (CIM), der als Namensgeber für die neuen CIM-Cmdlets fungierte.

Nähere Details zur Standardisierung finden Sie unter:
http://www.dmtf.org/standards/wbem sowie
https://msdn.microsoft.com/en-us/library/jj152383.aspx

WMI-Cmdlets (DCOM)

WMI ist seit Windows 2000 integrierter Bestandteil der Windows-Betriebssysteme. Die Anfänge der Technologie gehen in die 1990er-Jahre zurück und sind somit deutlich älter als die Windows PowerShell. WMI definiert Namensräume (*Namespaces*), in deren Verästelungen Klassen definiert sind, die Eigenschaften und Methoden zur Verwaltung des Betriebssystems und der darunterliegenden Hardware anbieten.

Vor der Einführung der Windows PowerShell nutzte man WMI häufig im Zusammenspiel mit VB-Script. Eines der einfachsten Beispiele ist das Überprüfen auf freien Platz auf den lokalen Festplatten.

```
set objWMI = GetObject("winmgmts:\\localhost\root\cimv2")
set disks = objWMI.ExecQuery("Select * from WIN32_LogicalDisk
  Where DriveType = 3")
for each disk in disks
Ausgabe = disk.DeviceID& " " &disk.FreeSpace& " Kapazität"
wscript.echo Ausgabe
Next
```

Zentral für die Arbeit mit WMI sind die sogenannten WQL-Ausdrücke (*WMI Query Language*), eine Abfragesprache, die sich stark an SQL anlehnt. Im Beispiel oben werden alle Eigenschaften der Klasse `Win32_LogicalDisk` im Namensraum »root\cimv2« abgerufen, deren Laufwerkstyp 3 (Kodierung für »Local Disc«) ist. Von zentraler Bedeutung ist hierbei die WQL-Abfrage:

```
"Select * from WIN32_LogicalDisk Where DriveType = 3"
```

Um den Zugang zu WMI zu vereinfachen, fand sich erstmals in Windows XP ein Kommandozeilenwerkzeug, das in einigen Aspekten Grundideen der Windows PowerShell vorwegnimmt: *wmic.exe*.

```
wmic.exe /node:sv1,sv2 path Win32_Logicaldisk
  where "drivetype=3" get DeviceID, Freespace
wmic.exe Logicaldisk where "drivetype = 3"
  get DeviceID, Freespace
```

Die beiden Befehle sind beinahe identisch; im zweiten Beispiel wird der Alias `LogicalDisk` synonym für die Klasse `Win32_LogicalDisk` verwendet. Der Parameter `node` erlaubt optional die Remoteausführung gegen eine Vielzahl an entfernten Computern, was die Nützlichkeit von *wmic.exe* im Vergleich zur VB-Script-Lösung enorm steigert. Lässt man den Parameter `/node` weg, wird der Befehl gegen den lokalen Computer ausgeführt.

Seit der ersten Version enthält die PowerShell WMI-Cmdlets, die die WMI-eigenen Remotingfunktionen auf stark vereinfachte Weise nutzbar machten. Alle WMI-Cmdlets finden Sie mit dem Befehl:

```
PS > Get-Command *-wmi*
CommandType   Name            Version   Source
-----------   ----            -------   ------
Cmdlet        Get-WmiObject   3.1.0.0   Microsoft.PowerShell.
                                        Management
Cmdlet        Invoke-         3.1.0.0   Microsoft.PowerShell.
              WmiMethod                 Management
Cmdlet        Register-       3.1.0.0   Microsoft.PowerShell.
              WmiEvent                  Management
Cmdlet        Remove-         3.1.0.0   Microsoft.PowerShell.
              WmiObject                 Management
Cmdlet        Set-            3.1.0.0   Microsoft.PowerShell.
              WmiInstance               Management
```

Das am häufigsten verwendete Cmdlet ist *Get-WMIObject*. Das bekannte Beispiel sieht nun in der PowerShell so aus:

```
Get-WmiObject -computername sv1,sv2 -class WIN32_LogicalDisk |
  where-object {$_.DriveType -eq 3} |
    Select-Object DeviceID, Freespace
gwmi WIN32_LogicalDisk | ? {$_.DriveType -eq 3} |
  select DeviceID, Freespace
```

Im direkten Vergleich erkennt man eine gewisse Analogie zu *wmic.exe*, da auch hier mehrere Computer auf einfache Weise adressiert werden können. Neben den bekannten Eigenschaften der Klasse `Win32_LogicalDisk` ergänzt *Get-WmiObject* eine Reihe Systemeigenschaften, die Sie an den führenden Unterstrichen erkennen. So liefert Ihnen *__SERVER* den Hostnamen des abgefragten Systems zurück, eine ausgesprochen nützliche Zusatzinformation. Der grundlegende Mehrwert des Cmdlet *Get-WMIObject* liegt in der Rückgabe typisierter Objekte anstelle von Text, was die Weiterverarbeitung erheblich erleichtert. Darüber hinaus ermöglicht der Parameter `-Credentials` die Übergabe alternativer Anmeldeinformationen.

Bei genauerer Analyse des vorgenannten Beispiels fällt jedoch ein grundsätzlicher Unterschied ins Auge: Wo die WQL-Abfrage `where` und `=` als Vergleichsoperator verwendet, nutzt die PowerShell das Cmdlet *Where-Object* und den Vergleichsoperator `-eq`. Dies resultiert daraus, dass im Beispiel die DriveTypes clientseitig mit den Mitteln der PowerShell-Pipeline gefiltert werden. Obgleich dies im Kontext der PowerShell ein ganz typischer Weg ist, ist er nicht sonderlich effizient. Wir übertragen (ggf. über das Netzwerk) zunächst alle Objekte, um die nicht passenden schlussendlich zu verwerfen.

Wesentlich effizienter ist es, erneut die WQL-Abfrage zu verwenden und serverseitig unmittelbar nur jene Objekte abzufragen, die benötigt werden. Auf die Ausgabeformatierung wird nachfolgend verzichtet.

```
Get-WmiObject -ComputerName sv1,sv2 -Query
   'Select * from WIN32_LogicalDisk Where DriveType = 3'
Get-WmiObject -ComputerName sv1,sv2 -Class WIN32_LogicalDisk -Filter
   'DriveType = 3'
```

Sie haben die Wahl, ob sie den Filter vollständig übernehmen (Parameter -Query) oder nur den eigentlichen Filter (Parameter -Filter). Das einzig verbleibende Problem ist, dass Sie neben den Vergleichsoperatoren der PowerShell weiterhin die WQL-Operatoren kennen sollten (siehe Tabelle 18).

Tabelle 18: WQL- vs. PowerShell-Operatoren

	WQL	PowerShell
Gleichheit	=	-eq
Ungleichheit	<>, !=	-ne
Größer als	>	-gt
Größer oder gleich	>=	-ge
Kleiner als	<	-lt
Kleiner oder gleich	<=	-le
Zeichensuche mit Joker	like '%'	-like '*'
Boolesches UND	AND	-and
Boolesches ODER	OR	-or

WMI ist nicht auf die Abfrage von Eigenschaften beschränkt.

```
$process = Get-WmiObject -Class WIN32_Process -filter
   'Name = "powershell.exe"'
$process.Terminate()
```

Seit PowerShell 3 ist es dabei unerheblich, ob *Get-WMIObject* eine oder mehrere Instanzen des Prozesses findet. Da ein Array keine Methode Terminate() besitzt, wendet die PowerShell automatisch die Methode Terminate auf jedes einzelne Element des Arrays an.

Methoden lassen sich ebenfalls mithilfe des Cmdlet *Invoke-WMIMethod* aufrufen. Übertragen auf das oben genannte Beispiel erscheint das Kommando jedoch arg befremdlich:

```
$powershell = Get-WmiObject -Class WIN32_Process -filter
   'Name =  "powershell.exe"'
Invoke-WmiMethod -Path $powershell.__relpath -Name Terminate
```

Invoke-WMIMethod benötigt den relativen Pfad eines Objekts, was im oben genannten Fall nicht unmittelbar zu erraten ist. Darüber hinaus würde die Ausführung des Befehls fehlschlagen, wenn mehr als ein Prozess gefunden würde. Der Aufruf über die Punktnotation macht offenkundig mehr Sinn.

Dennoch erfüllt *Invoke-WmiMethod* einen praktischen Zweck: Er unterstützt das Aufrufen statischer Methoden:

```
Invoke-WmiMethod -Path win32_process -Name create -ArgumentList
   powershell.exe
```

Create ist eine (sogenannte statische) Methode der Klasse `Win32_Process`, nicht aber der Instanzen. Für diesen (vergleichsweise seltenen) Anwendungsfall ist das Cmdlet sehr nützlich. Mehr zu den Grundlagen von Methoden erfahren Sie im Abschnitt »Statische Methoden« auf Seite 67.

TIPP

Die PowerShell kennt drei Typabkürzungen zum Zugriff auf WMI-Objekte, WMI-Klassen und WMI-Suchen. Die nachfolgenden Beispiele verdeutlichen deren Anwendung:

```
[wmi]'Win32_LogicalDisk.DeviceID="C:"'
[wmi]'\\sv1\root\cimv2:Win32_LogicalDisk.DeviceID="C:"'
([Wmiclass]'Win32_Process').create('powershell.exe')
([WMISEARCHER]'Select * from WIN32_LogicalDisk Where
   DriveType = 3').Get()
```

CIM Cmdlets (WS-Man)

Seit PowerShell 3 enthält das Modul *CimCmdlets* 14 neue Befehle zum Zugriff auf (W)MI.

```
CommandType  Name                          Version  Source
-----------  ----                          -------  ------
Cmdlet       Export-BinaryMiLog            1.0.0.0  CimCmdlets
Cmdlet       Get-CimAssociatedInstance     1.0.0.0  CimCmdlets
Cmdlet       Get-CimClass                  1.0.0.0  CimCmdlets
Cmdlet       Get-CimInstance               1.0.0.0  CimCmdlets
Cmdlet       Get-CimSession                1.0.0.0  CimCmdlets
Cmdlet       Import-BinaryMiLog            1.0.0.0  CimCmdlets
Cmdlet       Invoke-CimMethod              1.0.0.0  CimCmdlets
```

```
Cmdlet        New-CimInstance                 1.0.0.0  CimCmdlets
Cmdlet        New-CimSession                  1.0.0.0  CimCmdlets
Cmdlet        New-CimSessionOption            1.0.0.0  CimCmdlets
Cmdlet        Register-CimIndicationEvent     1.0.0.0  CimCmdlets
Cmdlet        Remove-CimInstance              1.0.0.0  CimCmdlets
Cmdlet        Remove-CimSession               1.0.0.0  CimCmdlets
Cmdlet        Set-CimInstance                 1.0.0.0  CimCmdlets
```

An die Stelle von *Get-WMIObject* tritt das Cmdlet *Get-CimInstance*, das unmittelbar einen praktischen Vorteil bringt: die Autovervollständigung für Namensräume und Klassen.

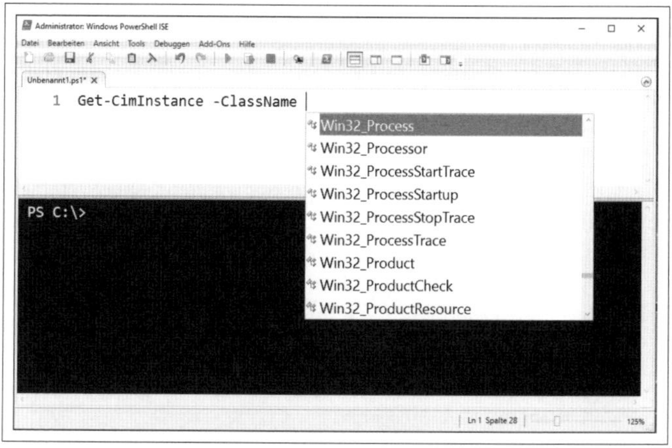

Abbildung 11: Intellisense für WMI-Klassen

Die bekannten Beispiele sind leicht auf die neuen Cmdlets zu übertragen:

```
Get-CimInstance -ComputerName sv1,sv2 -ClassName
  WIN32_LogicalDisk | Where-Object {$_.DriveType -eq 3}
Get-CimInstance -ComputerName sv1,sv2 -Query
  'Select * from WIN32_LogicalDisk Where DriveType = 3'
Get-CimInstance -ComputerName sv1,sv2 -ClassName WIN32_LogicalDisk
  -Filter 'DriveType = 3'
```

Der Aufruf von Methoden unterscheidet sich deutlich, da *Get-CIMInstance* keine Objekte zurückliefert, die Methoden anbieten.

Der Aufruf über die Punktnotation entfällt zugunsten des Cmdlet *Invoke-CimMethod*.

```
Get-CimInstance -ClassName WIN32_Process -filter
  'Name = "powershell.exe"' |
    Invoke-CimMethod -MethodName Terminate
Invoke-CimMethod -Query 'Select * from Win32_Process
  where Name="powershell.exe"' -MethodName 'Terminate'
```

Die Unterscheidung zwischen statischen Methoden und Methoden der Instanz tritt in den Hintergrund. Mit *Get-CimClass* spüren Sie sämtliche Methoden auf, die Sie mit *Invoke-CimMethod* aufrufen können.

```
Get-CimClass -ClassName Win32_Process | Select-Object -ExpandProperty
   CimClassMethods
Invoke-CimMethod -ClassName Win32_Process -MethodName Create
   -Arguments @{CommandLine='powershell.exe'}
```

Die CIM-Cmdlets offenbaren einige Schwächen: Die Systemeigenschaften entfallen, keines der Cmdlets bietet den Parameter `-Credentials`. Dafür unterstützen sie *CimSessions*. Eine CimSession ist ein clientseitiges Objekt, das die Verbindungseigenschaften repräsentiert und erhebliche Geschwindigkeitsvorteile beim Netzwerkzugriff bringt.

```
$cimsession = New-CimSession -ComputerName sv1 -SkipTestConnection
   -Credential (Get-Credential)
Get-CimInstance -CimSession $cimsession -Class WIN32_LogicalDisk
   -Filter 'DriveType = 3'
```

Das Cmdlet *New-CimSessionOption* erlaubt die Übergabe vergleichsweise selten genutzter Verbindungsparameter. Auf diesem Weg lassen sich auch Verbindungen über DCOM realisieren, wenn der Zugriff via WS-Man auf das Zielsystem nicht möglich ist.

```
$cimsessionoption = New-CimSessionOption -Protocol Dcom
$cimsession = New-CimSession -ComputerName sv1 -SkipTestConnection
   -Credential (Get-Credential) -SessionOption
    $cimsessionOption
Get-CimInstance -CimSession $cimsession -Class WIN32_LogicalDisk
   -Filter 'DriveType = 3'
```

TIPP

Mit den CIM-Cmdlets ist der Zugriff auf CIMOM-Server alternativer Plattformen möglich. Microsoft selbst hat mit dem OMI-Server (Open Management Infrastructure) einen schlanken und performanten Server unter einer OpenSource-Lizenz veröffentlicht, der unter Linux lauffähig ist.

CDXML

Die Neuimplementierung von (W)MI verfolgte ein weiteres Ziel. Mit der Reorganisation der WMI-Klassen hat Microsoft das automatische Generieren von Cmdlets ermöglicht. Cmdlets werden auf Grundlage von »Commandlet Definition XML«-Dateien erschaffen. So entsteht blitzartig eine große Zahl neuer Cmdlets. In Windows 10 sind bereits weit mehr als die Hälfte aller Cmdlets auf diese Weise entstanden.

Zwei Module zeigen beispielhaft die Funktionsweise: *NetTCPIP* und *NetAdapter*.

Rufen Sie die nachfolgenden Beispiele auf und suchen Sie nach Unterschieden. Sie werden keine entdecken. Die genannten Cmdlets sind im Wesentlichen nichts anders als ein verkürzter Aufruf einer dahinterliegenden WMI-Klasse.

```
Get-CimInstance -Namespace 'root/StandardCimv2' -ClassName
   'MSFT_NetAdapter'
Get-NetAdapter

Get-CimInstance -Namespace 'root/StandardCimv2' -ClassName
   'MSFT_NetAdapterHardwareInfoSettingData'
Get-NetAdapterHardwareInfo

Get-CimInstance -Namespace 'root/StandardCimv2' -ClassName
   'MSFT_NetAdapterBindingSettingData'
Get-NetAdapterBinding

Get-CimInstance -Namespace 'root/StandardCimv2' -ClassName
   'MSFT_NetAdapterStatisticsSettingData'
Get-NetAdapterStatistics
```

```
Get-CimInstance -Namespace 'root/StandardCimv2' -ClassName
   'MSFT_NetIPAddress'
Get-NetIPAddress

Get-CimInstance -Namespace 'root/StandardCimv2' -ClassName
   'MSFT_NetIPInterface'
Get-NetIPInterface
```

Entfernte Rechner verwalten

Das Arbeiten mit entfernten Rechnern ist in jedem größeren Netzwerk eine der häufigsten Aufgaben. Dabei ist es prinzipiell unerheblich, ob es Arbeitsplatzrechner oder Serversysteme sind. In der Version 1.0 der PowerShell wurde dieses Thema hauptsächlich über die Nutzung von WMI gelöst. Seit der Version 2.0 kann mit dem PowerShell Remoting prinzipiell jeder Befehl auf entfernten Systemen ausgeführt werden. Darüber hinaus gibt es einige Cmdlets, die eine integrierte Remotingfunktion anbieten, typischerweise über den Parameter `-Computername`.

Integrierte Remotingfunktionen

In Windows 10 verfügen 38 Cmdlets über einen Parameter `-Computername`.

```
Get-Command | Where-Object { $_.parameters.keys -contains
   "ComputerName" } | Measue-Object
```

Zieht man die sieben Cmdlets ab, deren einziger Zweck die Remoteausführung von Befehlen ist (z.B. *Invoke-Command*), sind es sogar nur 31 Cmdlets. Eine vergleichsweise geringe Zahl.

Einige weitere Cmdlets führen implizit Befehle im Netzwerk aus, obgleich sie lokal laufen. Die Active Directory-Cmdlets sind hierfür ein gutes Beispiel. *Get-ADDomain* fragt mittels eines Webservers Informationen an einem Domain Controller ab, obgleich Sie explizit keinen Computer im Netzwerk zu diesem Zweck benennen. Dennoch bleiben Cmdlets dieser Art in der Minderheit.

PowerShell Remoting

Seit Einführung der PowerShell 2 kann die PowerShell auf das WS-Man-Protokoll zur Netzwerkkommunikation zurückgreifen. Microsofts Implementierung dieses Standards trägt den Namen WinRM (Windows Remote Management). Beide Abkürzungen, WS-Man und WinRM, werden in der Praxis synonym verwendet. Die Kommunikation erfolgt über TCP-Port 5985 und 5986 (TLS).

Der Fernzugriff muss zunächst erlaubt werden.

```
Enable-PSRemoting -Force
```

TIPP

Sie erhalten eine Warnung, wenn einer Ihrer Netzwerkadapter sich in einem nicht vertrauenswürdigen Netzwerk befindet. Sie können das Netzwerkprofil ändern oder die Warnung unterdrücken.

```
Set-NetConnectionProfile -InterfaceAlias Ethernet
   -NetworkCategory Private
```

oder:

```
Enable-PSRemoting -Force -SkipNetworkProfileCheck
```

Der Parameter `-SkipNetworkProfileCheck` steht seit der Version 3.0 zur Verfügung.

Seit Windows Server 2012 ist die Remoteverwaltung auf Server Editionen standardmäßig aktiv und muss nicht explizit aktiviert werden. Auf Clientbetriebssystemen müssen Sie das Remoting grundsätzlich erlauben.

Für einen schnellen Test, ob die Fernausführung gelingt, stehen Ihnen mehrere Cmdlets zur Verfügung.

```
Test-WSMan -ComputerName sv1 -Authentication Negotiate
Test-NetConnection -ComputerName sv1 -CommonTCPPort WINRM
New-PSSession -Computername sv1
```

Rufen Sie *New-PSSession* ohne Parameter auf, wird eine Session gegen den eigenen PC aufgebaut, was als Schnelltest ebenfalls hilfreich sein kann.

Gesetzt den Fall, dass Sie in einer Arbeitsgruppe arbeiten, müssen Sie den Zugriff auf den entfernten Computer erlauben. Das Übermitteln von Anmeldeinformationen ohne die sichere Kerberosauthentifizierung, die Sie in einer Active Directory-Domäne nutzen, stellt prinzipiell ein Sicherheitsrisiko dar. Passen Sie zu diesem Zweck die Liste der vertrauenswürdigen Hosts auf dem Computer an, von dem aus Sie Ihre Befehle absetzen (also vom *PSRemoting-Client*):

```
Get-Item wsman:\localhost\Client\TrustedHosts
Set-Item wsman:\localhost\Client\TrustedHosts
  -value '*.oreilly.de' -Force
```

Sie sprechen mit dem oben genannten Befehl allen Computern mit dem DNS-Suffix »oreilly.de« Ihr Vertrauen aus. Sie können eine kommaseparierte Liste mit Hostnamen übergeben oder mithilfe des Parameters `-Concatenate` Hostnamen ergänzen.

Nachdem Sie die Fernausführung erlaubt haben, können Sie interaktive Sitzungen mit dem Computer im Netzwerk ausführen:

```
Enter-PSSession -ComputerName sv1 -Credential (Get-Credential)
```

Effizienter ist jedoch die Ausführung von beliebigen Scriptblöcken mithilfe von *Invoke-Command*.

```
$cred = Get-Credential
Invoke-Command -ComputerName sv1 -Credential $cred -ScriptBlock {
Restart-Service netlogon
}
```

Analog zu den *CimSessions* können Sie persistente *PSSessions* aufbauen, die Ihnen erneut signifikante Geschwindigkeitsvorteile verschaffen.

```
$pssession = New-PSSession -ComputerName sv1 -Credential $cred
Invoke-Command -Session $pssession -ScriptBlock {
  New-SmbShare -Name Data -Path c:\Data -EncryptData $true
}
```

Alternativ können Sie innerhalb einer PowerShell-Session die Cmdlets des Remotesystems lokal einblenden. Zur Unterscheidung der lokalen und entfernten Cmdlets können Sie optional ein Präfix definieren. Die PowerShell erzeugt zur Laufzeit ein Modul, das die Proxy-Cmdlets bereitstellt.

```
$proxyCmdlets = Import-PSSession -Session $pssession
   -Module DNSServer -Prefix Remote
Get-RemoteDnsServerDiagnostics
Remove-Module $proxyCmdlets
```

Wenn Sie keine Überlappungen der Cmdlet-Namen befürchten müssen, können Sie auf das Präfix verzichten. Sie können die Proxy-Cmdlets darüber hinaus als eigenes Modul speichern. Starten Sie anschließend eine neue PowerShell-Sitzung, wird die Verbindung zum RemoteHost automatisch aufgebaut, und Sie können die Cmdlets auf die vertraute Weise verwenden.

```
Export-PSSession -OutputModule ProxyDNS -Session $pssession
   -Module DNSServer
```

Sie erhalten in der PowerShell-Hilfe vertiefende Informationen zu dem Themenkomplex Remoting.

Get-Help

- about_Remoting
- about_PSSessions
- about_Remote_Disconnected_Sessions
- about_Remote_Requirements
- about_Remote_FAQ
- about_Remote_TroubleShooting
- about_Remote_Variables
- Enter-PSSession
- Invoke-Command
- New-PSSession

Hintergrundaufträge

Das Thema des Abschnitts »PowerShell Remoting« auf Seite 97 und das Thema dieses Abschnitts sind sehr eng miteinander verknüpft. Hier geht es darum, dass, je nach Umfang Ihres Auftrags, die interaktive Konsole so lange blockiert ist, bis das Ergebnis Ihres Auftrags zurückgegeben wird. Dabei ist es unerheblich, ob der Auftrag zum lokalen oder einem entfernten System geschickt wird.

Neben den Cmdlets, die sich nur dem Thema *Job* widmen, unterstützen andere Cmdlets über den neuen Parameter `-AsJob` die Möglichkeit, im Hintergrund abgearbeitet zu werden. Um alle Cmdlets zu erhalten, die den Parameter `-AsJob` haben, geben Sie folgenden Befehl ein: `get-help * -Parameter asjob`.

Tabelle 19: Job Cmdlets

Cmdlet	Verwendungszweck	PowerShell-Version
`Get-Job`	Auflisten der Hintergrundaufträge.	2.0
`Start-Job`	Starten eines Hintergrundauftrags.	2.0
`Stop-Job`	Beenden eines Hintergrundauftrags.	2.0
`Receive-Job`	Das Ergebnis des Auftrags anzeigen.	2.0
`Wait-Job`	Auf das Ende eines Auftrags warten.	2.0
`Remove-Job`	Entfernen des Auftrags.	2.0
`Debug-Job`	Ablaufverfolgung für Aufträge und Workflows.	5.0
`Suspend-Job`	Einen Workflow unterbrechen.	3.0
`Resume-Job`	Einen Workflow fortsetzen.	3.0

HINWEIS

Sie entnehmen der Tabelle 19, dass die Cmdlets *Suspend-Job* und *Resume-Job* separat zu behandeln sind, da sie sogenannte Workflows steuern. Workflows ähneln Funktionen, laufen aber innerhalb der Workflow Foundation Engine. Workflows gelten seit der Einführung der Desired State Configuration als überholt und finden in diesem Buch keine weitere Beschreibung.

Natürlich könnten Sie, um den Effekt der blockierten Konsole zu vermeiden, immer mit separaten Konsolenfenstern arbeiten. Aber bei umfangreicheren Skripten, die Aufträge an viele Rechner verteilen und die Ergebnisse wieder einsammeln müssen, ist das nicht immer ein praktikabler Weg.

Das mit Abstand am häufigsten eingesetzte Cmdlet für Hintergrundaufträge ist *Invoke-Command*, weil es generische Aufträge in Skriptblöcken an den entfernten Rechner übermittelt. Die weiteren Cmdlets betreffen eher die längeren Verarbeitungszeiten im Zusammenhang mit WMI oder das Herunterfahren beziehungsweise den Neustart von Systemen.

Mit den Cmdlets rund um das Thema *Jobs* können Sie gezielt Befehle als Hintergrundaufträge erzeugen. Auf diese Art wird die Konsole nicht durch die Abarbeitung des Auftrags blockiert. Um das Ergebnis des Auftrags zur Weiterverarbeitung einzusammeln, benötigen Sie das Cmdlet *Receive-Job*. Zur Kontrolle der weiteren Zustände eines Jobs stehen Ihnen *Suspend-Job*, *Resume-Job*, *Stop-Job* und *Remove-Job* zur Verfügung. Um zu ermitteln, welche Jobs derzeit in Ihrer Session aktiv sind, nutzen Sie das Cmdlet *Get-Job*.

Einen besonderen Status hat *Wait-Job*. Damit kontrollieren Sie gezielt das Laufzeitverhalten der Konsole, während ein oder mehrere Hintergrundaufträge abgearbeitet werden. Danach können Sie das Ergebnisobjekt über die Pipeline weiterverarbeiten.

Desired State Configuration (DSC)

Die Desired State Configuration (*DSC*) wurde mit PowerShell 4 eingeführt und mit der Version 5 stark erweitert. DSC repräsentiert eine Kernkomponente in Microsofts Strategie zur Orchestrierung komplexer, heterogener IT-Landschaften. Die Architektur der DSC umfasst drei Ebenen, die sich bildhaft mit der Aufführung eines Musikstücks vergleichen lassen.

1. Die DSC-Konfiguration (Die Partitur)
2. Die DSC-Ressource (Der Orchestermusiker)
3. Der Local Configuration Manager (Der Dirigent)

DSC-Konfiguration

Eine DSC-Konfiguration beschreibt abstrakt den Sollzustand eines Systems.

```
Configuration DNSHost
{
  node ('sv1')
  {
    WindowsFeature DNS
  {
    Ensure = 'Present'
    Name = 'DNS'
  }
  WindowsFeature RSAT-DNS-Server
  {
    Ensure = 'Present'
    Name = 'RSAT-DNS-Server'
    DependsOn = '[WindowsFeature]DNS'
  }
  }
}
```

DSC-Ressourcen

DSC besitzt im Kern keinerlei Fähigkeiten zur Installation eines Diensts oder irgendeiner anderen, konkreten Aktivität. DSC greift stattdessen auf Ressourcen zurück, deren Programmcode die erforderlichen Änderungen herbeiführen können. Die lokal verfügbaren DSC-Ressourcen listet das Cmdlet *Get-DscResource* auf.

Standard-DSC-Ressourcen von Windows Server 2012 R2:

```
ImplementedAs  Name            Module
-------------  ----            ------
Binary         File
PowerShell     Archive         PSDesiredStateConfiguration
PowerShell     Environment     PSDesiredStateConfiguration
PowerShell     Group           PSDesiredStateConfiguration
Binary         Log             PSDesiredStateConfiguration
PowerShell     Package         PSDesiredStateConfiguration
PowerShell     Registry        PSDesiredStateConfiguration
PowerShell     Script          PSDesiredStateConfiguration
PowerShell     Service         PSDesiredStateConfiguration
PowerShell     User            PSDesiredStateConfiguration
PowerShell     WindowsFeature  PSDesiredStateConfiguration
PowerShell     WindowsProcess  PSDesiredStateConfiguration
```

DSC-Ressourcen können prinzipiell in jeder erdenklichen Sprache erstellt werden, der Einsatzzweck ist explizit nicht auf Windows beschränkt. Im Beispiel oben verweist der Konfigurationsblock auf die Ressource »WindowsFeature« und definiert die erforderlichen Rollen und Features. Abhängigkeiten (»DependsOn«) definieren die zeitliche Abfolge, in der die Konfiguration umgesetzt wird.

Local Configuration Manager

```
Start-DscConfiguration -Path .\DNSHost -Wait -Verbose
```

Die programmatischen Änderungen werden durch den Local Configuration Manager *(LCM)* orchestriert, die eigentliche Installation der Rolle DNS und des Features »RSAT-DNS-Server« obliegt der DSC-Ressource. Starten Sie die *DscConfiguration* ohne die Parameter `-Wait` und `-Verbose`, erzeugen Sie einen Hintergrundjob, der asynchron Ihre Konfiguration anwendet. Der Parameter `-Force` erzwingt die Umsetzung einer (neuen) Konfiguration auch dann, wenn im Hintergrund bereits eine anderweitige Konfiguration durchgeführt wird. Der LCM wendet immer nur die zuletzt übergebene Konfiguration an. Ob die Konfiguration erfolgreich war, ermitteln Sie mit *Test-DscConfiguration* und *Get-DscConfigurationStatus* (Letzteres seit PowerShell 5).

Optional können Sie mithilfe eines Pullservers (ein Feature des Windows Server) die Konfigurationen für eine Vielzahl von Servern an einer Stelle im Netzwerk vorhalten und in Intervallen von dort abrufen.

Sie können die aktuelle Konfiguration zurückziehen; die bereits angewendete Systemanpassung machen Sie damit nicht rückgängig. Sie verhindern jedoch, dass der einmal definierte Wunschzustand erneut angewendet wird.

```
Get-DscConfiguration
Remove-DscConfigurationDocument -Stage Current
```

Erweiterbarkeit

Die Trennung in drei Ebenen zeigt den strategischen Wert, den DSC im Kontext komplexer IT-Systeme einnimmt. Ebenso wenig, wie ein einzelner Mensch eine Symphonie aufführen kann, lassen sich moderne Rechenzentren durch einzelne Experten verwalten. Die manuelle Konfiguration und die Optimierung einzelner Computersysteme sind nicht länger wünschenswert, da sie Wartung, Austausch und Migration tendenziell erschweren.

DSC-Ressourcen sollten von den Softwarefirmen bereitgestellt werden, deren Produkte Sie orchestrieren wollen. Um die Bereitstellung und Weiterentwicklung zu vereinfachen, stellt Microsoft in der PowerShell Gallery DSC-Ressourcen bereit. Als Modul implementiert, tragen viele aus historischen Gründen ein Präfix (z. B. x für experimental).

```
Find-Module -tag DSC -Repository PSGallery
Find-DscResource -Repository PSGallery
Install-Module -Name xActiveDirectory -Repository PSGallery
```

Weitere Informationen zur PowerShell Gallery finden Sie im Kapitel *Softwareverteilung mit PowerShell 5* auf Seite 115.

TIPP

Microsoft bietet unter anderem auch eine DSC-Ressource für Linux an. Die Software wurde unter einer OpenSource-Lizenz veröffentlicht.
Weitere Informationen zur DSC für Linux finden Sie hier:
https://github.com/Microsoft/PowerShell-DSC-for-Linux

Verwalten von Fehlern

Die PowerShell unterstützt zwei Fehlerklassen: Fehler, die nicht zu einem Abbruch führen (*nonterminating errors*), und Fehler, die zu einem Abbruch führen (*terminating errors*). Die PowerShell sammelt beide Fehlertypen in einer Liste, die von der automatischen Variablen `$error` repräsentiert wird.

Nonterminating Errors

Bei den meisten Fehlern handelt es sich um *nonterminating errors*, da sie die Ausführung des aktuellen Cmdlet oder der Pipeline nicht beenden. Wenn ein Befehl einen Fehler ausgibt (über die Fehlerausgabe-Funktionalitäten der PowerShell), schreibt die PowerShell diesen Fehler in einen Datenstrom, der »Fehlerausgabe« genannt wird.

Beispiele für *nonterminating errors*:

```
Get-ChildItem -path nothing
Get-Process -FileVersionInfo
```

Obgleich der Pfad *nothing* nicht existiert sowie von einigen Prozessen die *FileVersionInfo* nicht ermitteln werden kann, stoppt die Verarbeitung der Cmdlets nicht.

Sie können einen *nonterminating error* mithilfe des Cmdlet *Write-Error* ausgeben (oder mit der `WriteError()`-API, wenn Sie ein Cmdlet schreiben).

Mit der automatischen Variablen `$ErrorActionPreference` können Sie steuern, wie die PowerShell mit *nonterminating errors* umgeht, und diese bei Bedarf in einen *terminating error* konvertieren.

`$ErrorActionPreference` unterstützt die in Tabelle 20 aufgeführten Werte:

Tabelle 20: Werte der automatischen Variablen ErrorActionPreference

Wert	Bedeutung
`SilentlyContinue`	Zeigt keine Fehler an.
`Stop`	Behandelt *nonterminating errors* als *terminating errors*.
`Continue`	Zeigt zwar Fehler an, führt aber die Ausführung des aktuellen Cmdlet oder Pipeline fort. Hierbei handelt es sich um den Standardwert.
`Inquire`	Zeigt eine Eingabeaufforderung an, die abfragt, wie die PowerShell mit diesem Fehler umgehen soll.
`Ignore (seit PowerShell 3)`	Unterdrückt die Fehlermeldung und fügt sie nicht zu $error hinzu.

Als Alternative zur Systemvariablen können Sie mithilfe des allgemeinen Parameters `-ErrorAction` für jedes Cmdlet explizit die Behandlung von Fehlern konfigurieren. Hierbei werden die gleichen Werte zuzüglich »suspend« verwendet. Mithilfe von »suspend« können Sie innerhalb eines Workflows die Ausführung pausieren. Dieser Wert steht Ihnen seit PowerShell 4 zur Verfügung.

Terminating Errors

Ein zum Abbruch führender Fehler, ein *terminating error,* stoppt die Ausführung des aktuellen Cmdlets oder der Pipeline. Wenn ein Befehl eine strukturierte Ausnahme (*structured exception*) generiert (etwa wenn Sie eine Methode mit Parametern anbieten, die außerhalb ihres gültigen Bereichs liegen), stellt die PowerShell das als *terminating error* dar. Die PowerShell generiert auch einen *terminating error*, wenn sie ein Element Ihres Skripts, Ihrer Funktion oder Ihrer Pipeline nicht parsen kann. Die Begriffe *terminating error* und *exception* werden im Kontext der PowerShell in der Regel synonym verwendet.

Beispiele für *terminating errors*:

```
Get-ChildItem -nothing
1 / 0
Get-ChildItem -path nothing -errorAction Stop
```

Sie können in Ihrem Skript mithilfe des Schlüsselworts `throw` einen *terminating error* generieren, der die Ausführung einer Funktion oder eines Skripts unmittelbar unterbricht:

```
throw <Fehlermeldung>
```

TIPP

Generieren Sie *terminating errors* nur, wenn das eigentliche Vorhaben der Operation nicht erreicht werden kann. Wenn Sie beispielsweise auf einem entfernten Server einen Fehler nicht ausführen können, sollten Sie das als *nonterminating error* behandeln. Können Sie sich aber erst gar nicht mit dem entfernten Server verbinden, dann sollten Sie das als *terminating error* behandeln.

Mit der PowerShell können Sie *terminating errors* abfangen, wenn Sie eine `trap`-Anweisung festlegen, bevor die PowerShell diesen Fehler bemerkt:

```
trap [<Ausnahmetyp>]
{
   <Anweisungsblock>
   <break>,<continue>
}
```

Wenn Sie einen Ausnahmetyp angeben, wird die trap-Anweisung nur auf *terminating errors* dieses Typs angewandt.

```
trap [System.DivideByZeroException]
{
  'Sie haben versucht durch 0 zu teilen!'
  break
}
1
1/0
2
```

Das Schlüsselwort break bedingt den Abbruch des Programmablaufs. Mit continue erlauben Sie die weitere Ausführung und unterdrücken die Standardfehlermeldung.

Sie können, wie im Beispiel oben zu sehen ist, optional einen Ausnahmetyp definieren. Diesen Ausnahmetyp ermitteln Sie anhand des Fehlerobjekts. Provozieren Sie einen Fehler und betrachten Sie unmittelbar im Anschluss die Details des automatisch erfassten Fehlerobjekts.

```
$error[0].Exception.GetType().Fullname
$error[0].Exception.InnerException.GetType().Fullname
```

Kommt es zu einer Verkettung von mehreren Fehlern, benötigen Sie die *InnerException* (siehe zweite Zeile im Beispiel oben).

Seit der PowerShell 2 stehen Ihnen darüber hinaus *try/catch/finally*-Blöcke als Fehlerhandler zur Verfügung.

```
try
{
    <Anweisungsblock>
}
    catch [<Ausnahmetyp>]
{
    <Anweisungsblock>
}
    catch
```

```
{
    <Anweisungsblock>
}
finally
{
   <Anweisungsblock>
}
```

Wirft im ersten Anweisungsblock (unterhalb von try) ein Befehl einen *terminating error* aus, springt die PowerShell in jenen catch-Block, für den Sie den passenden Ausnahmetyp definiert haben. So können Sie auf unterschiedliche Fehler differenziert reagieren oder mit einem allgemeinen catch jedwede exception abfangen.

Sie können auf catch oder finally verzichten, nicht jedoch auf beide zugleich. Der abschließende finally-Block wird ohne Bedingung ausgeführt.

```
try
{
  1
  1/0
  2
}
catch [DivideByZeroException]
{
    'Sie haben versucht durch 0 zu teilen!'
}
catch
{
   "Ein Fehler ist aufgetreten: $_"
}

finally
{
  'Ende'
}
```

Innerhalb der Blöcke von trap sowie in try/catch/finally repräsentiert $_ den vom System erkannten Fehler.

Weiterführende Hinweise erhalten Sie in der PowerShell-Hilfe:

```
Get-Help about_Trap
Get-Help about about_Try_Catch_Finally
```

```
Get-Help about about_Throw
Get-Help about about_Redirection
```

Ausgaben formatieren

```
<Pipeline> | <Formatierungsbefehl>
```

Wenn Objekte das Ende der Ausgabe-Pipeline erreichen, konvertiert die PowerShell sie in Text, damit sie auch von Menschen ausgewertet werden können. Die PowerShell unterstützt mehrere, in Tabelle 21 aufgeführte, Optionen, die Ihnen bei der Steuerung dieses Formatierungsvorgangs helfen sollen.

Tabelle 21: PowerShell-Formatierungsbefehle

Formatierungsbefehl	Ergebnis
`Format-Table <Eigenschaften-liste>`	Formatiert die Eigenschaften der Eingabeobjekte als Tabelle, wobei nur die von Ihnen angegebenen Objekteigenschaften berücksichtigt werden. Wenn Sie keine Eigenschaftenliste angeben, sucht sich die PowerShell eine Reihe von Standardwerten heraus. Zusätzlich zu den Objekteigenschaften können Sie auch erweiterte Formatierungsanweisungen angeben: `PS > Get-Process	`` `   Format-Table -Auto Name,`` `   @{Label="HexId";` `     Expression={ "{0:x}" -f $_.Id}` `     Width=4` `     Align="Right"` `   }` Die erweiterte Formatierungsanweisung entspricht einer Hash-Tabelle mit den Schlüsseln `Label` und `Expression` (oder irgendeiner Kurzform davon). Der Wert des Ausdrucksschlüssels sollte ein Skriptblock sein, der ein Ergebnis für das aktuelle Objekt zurückliefert (repräsentiert durch die Variable `$_`). Für weitere Informationen über das Cmdlet *Format-Table* können Sie `Get-Help Format-Table` eingeben.
`Format-List <Eigenschaften-liste>`	Formatiert die Eigenschaften der Eingabeobjekte als Liste, wobei nur die von Ihnen angegebenen Objekteigenschaften berücksichtigt werden. Wenn Sie keine Eigenschaftenliste angeben, sucht sich die PowerShell eine Reihe von Standardwerten heraus. Das Cmdlet *Format-List* unterstützt die erweiterten Formatierungsanweisungen, wie sie auch vom Cmdlet *Format-Table* verwendet werden.

Tabelle 21: PowerShell-Formatierungsbefehle (Forts.)

Formatierungsbefehl	Ergebnis
	Bei dem Cmdlet *Format-List* handelt es sich um das Cmdlet, das Sie am häufigsten einsetzen werden, wenn Sie eine detaillierte Zusammenfassung der Eigenschaften eines Objekts erhalten möchten. Der Befehl `Format-List *` liefert alle Eigenschaften zurück, enthält aber nicht diejenigen, die die PowerShell standardmäßig versteckt. Der Befehl `Format-List * -force` liefert alle Eigenschaften zurück. Weitere Informationen über das Cmdlet *Format-List* erhalten Sie, wenn Sie `Get-Help Format-List` eingeben.
`Format-Wide <Eigenschaft>`	Formatiert die Eigenschaften des Eingabeobjekts in einer extrem knappen Zusammenfassung. Wenn Sie keine Eigenschaft angeben, sucht sich die PowerShell eine Reihe von Standardwerten heraus. Zusätzlich zu den Objekteigenschaften können Sie auch noch erweiterte Formatierungsanweisungen angeben: `PS > Get-Process	`` `Format-Wide -Auto `` `@{ Expression={ "{0:x}" -f $_.Id} }` Die erweiterte Formatierungsanweisung entspricht einer Hash-Tabelle mit dem Schlüssel `Expression` (oder einer Kurzform davon). Der Wert des Schlüssels `Expression` sollte ein Skriptblock sein, der ein Ergebnis für das aktuelle Objekt zurückliefert (das durch die Variable `$_` repräsentiert wird). Weitere Informationen über das Cmdlet *Format-Wide* erhalten Sie, wenn Sie `Get-Help Format-Wide` eingeben.

Angepasste Formatierungsdateien

Alle Standardeinstellungen für die Formatierung in der PowerShell (wenn Sie beispielsweise keinen Formatierungsbefehl oder keine Formatierungseigenschaften angeben) werden von der **.Format.Ps1Xml*-Datei verarbeitet, die sich im Installationsverzeichnis befindet. Das ist dem Verfahren mit den Typerweiterungsdateien sehr ähnlich, die im Abschnitt »Angepasste Typerweiterungsdateien« auf Seite 75 erwähnt wurden.

Wenn Sie Ihre eigenen Formatierungsanpassungen erstellen möchten, können Sie diese Dateien als Beispielquelle heranziehen, sollten sie aber nicht direkt ändern. Erstellen Sie stattdessen eine neue Datei und laden Sie dann mit dem Cmdlet *Update-FormatData* Ihre

Anpassungen. Der folgende Befehl lädt *Format.Custom.Ps1Xml* aus dem Verzeichnis, in dem sich auch Ihr Profil befindet:

```
$typesFile = Join-Path (Split-Path $profile) "Format.Custom.Ps1Xml"
Update-FormatData -PrependPath $typesFile
```

Ausgaben entgegennehmen

Es gibt mehrere Möglichkeiten, mit denen in der PowerShell die Ausgaben von Befehlen entgegengenommen werden können:

Tabelle 22: Entgegennehmen von Ausgaben in der PowerShell

Befehl	Ergebnis
`$variable = <Befehl>`	Speichert die Objekte, die vom PowerShell-Befehl generiert wurden, in `$variable` ab.
`$variable = <Befehl> | Out-String`	Speichert die sichtbare Darstellung des PowerShell-Befehls in `$variable`. Hierbei handelt es sich um den PowerShell-Befehl, der eingesetzt wird, nachdem die Ausgabe in eine für den Menschen lesbare Form konvertiert wurde.
`$variable = <Nativer Befehl>`	Speichert die (String-)Ausgabe des nativen Befehls in `$variable`. Die PowerShell speichert das als Liste mit Zeichenketten ab – eine Zeichenkette für jede Ausgabezeile des nativen Befehls.
`<Befehl> -OutVariable $variable`	Gilt für die meisten Befehle. Speichert die Objekte, die vom PowerShell-Befehl generiert wurden, in `$variable`. Der Parameter `-OutVariable` kann auch als `-Ov` geschrieben werden.
`<Befehl> > <Datei>`	Leitet die sichtbare Darstellung der PowerShell (oder die Standardausgabe eines nativen Befehls) nach `<Datei>` um und überschreibt dabei `<Datei>`, wenn sie bereits vorhanden ist. Fehlermeldungen werden von dieser Umleitung nicht erfasst.
`<Befehl> 2> <Datei>`	Leitet die Fehlermeldungen der PowerShell oder des nativen Befehls nach `<Datei>` um und überschreibt dabei `<Datei>`, wenn sie bereits vorhanden ist.
`<Befehl> 2>> <Datei>`	Leitet die Fehlermeldungen der PowerShell oder des nativen Befehls nach `<Datei>` um und hängt sie dabei an `<Datei>` an, wenn die Datei bereits vorhanden ist.

Tabelle 22: Entgegennehmen von Ausgaben in der PowerShell (Forts.)

Befehl	Ergebnis
`<Befehl> > <Datei> 2>&1`	Leitet sowohl die Datenströme der Fehlermeldung als auch die Standardausgabe der PowerShell oder des nativen Befehls nach `<Datei>` um und überschreibt dabei `<Datei>`, wenn sie bereits vorhanden ist.
`<Befehl> >> <Datei> 2>&1`	Leitet sowohl den Datenstrom der Fehlermeldung als auch die Standardausgabe der PowerShell oder des nativen Befehls nach `<Datei>` um und hängt sie dabei an `<Datei>` an, wenn die Datei bereits vorhanden ist.

Ablaufverfolgung und Fehlersuche

Die drei Einrichtungen zur Ablaufverfolgung und Fehlersuche (Tracing und Debugging) in der PowerShell sind das Cmdlet *Set-PsDebug*, das Cmdlet *Trace-Command* und die »verbose« (wortreiche) Cmdlet-Ausgabe.

Das Cmdlet Set-PsDebug

Mit dem Cmdlet *Set-PsDebug* (siehe Tabelle 23) können Sie in der PowerShell die Ablaufverfolgung, das schrittweise Durchlaufen und den *Strict*-Modus steuern.

Tabelle 23: Parameter des Cmdlet Set-PsDebug

Parameter	Beschreibung
`Trace`	Setzt den Detaillierungsgrad der Ablaufverfolgung, den die PowerShell beim Ausführen von Befehlen ausgibt. Ein Wert von `1` gibt alle Zeilen aus, wenn die PowerShell sie auswertet. Ein Wert von `2` gibt alle Zeilen aus, wenn die PowerShell sie auswertet, sowie Informationen über Variablenzuweisungen, Funktionsaufrufe und Skripte. Ein Wert von `0` deaktiviert die Ablaufverfolgung.
`Step`	Aktiviert und deaktiviert das schrittweise Durchlaufen einzelner Befehle. Wenn er aktiviert ist, erhalten Sie von der PowerShell eine Eingabeaufforderung, bevor sie den Befehl ausführt.
`Strict`	Aktiviert und deaktiviert den *Strict*-Modus. Wenn er aktiviert ist, gibt die PowerShell einen *terminating error* aus, wenn Sie versuchen, eine Variable zu referenzieren, die Sie noch nicht definiert haben.

Tabelle 23: Parameter des Cmdlet Set-PsDebug (Forts.)

Parameter	Beschreibung
`Off`	Schaltet die Ablaufverfolgung, das schrittweise Durchlaufen und den *Strict*-Modus ab.

Das Cmdlet Trace-Command

```
Trace-Command CommandDiscovery -PsHost { gci c:\ }
```

Das Cmdlet *Trace-Command* gibt Diagnose- und Supportinformationen für PowerShell-Befehle aus. Die PowerShell fasst ihre Diagnoseinformationen in Kategorien zusammen, die »Trace Sources« genannt werden.

Eine vollständige Liste dieser Trace Sources steht über das Cmdlet *Get-TraceSource* zur Verfügung.

Weitere Informationen über das Cmdlet *Trace-Command* erhalten Sie, indem Sie `Get-Help Trace-Command` eingeben.

Verbose Cmdlet-Ausgabe

```
<Cmdlet> -Verbose
```

PowerShell-Befehle können mithilfe des Cmdlet *Write-Verbose* eine Verbose-Ausgabe generieren (wenn sie als Skript geschrieben wurden) oder mithilfe der *WriteVerbose()*-API (wenn sie als Cmdlet geschrieben wurden).

Mit der automatischen Variablen `$VerbosePreference` können Sie steuern, wie die PowerShell mit der Verbose-Ausgabe umgehen soll. Die Variable unterstützt die folgenden Werte:

Tabelle 24: Werte der automatischen Variablen VerbosePreference

Wert	Bedeutung
`SilentlyContinue`	Zeigt keine Verbose-Ausgabe an. Hierbei handelt es sich um die Standardeinstellung.
`Stop`	Behandelt die Verbose-Ausgabe als *terminating error*.
`Continue`	Zeigt die Verbose-Ausgabe an und fährt mit der Ausführung des aktuellen Cmdlet oder Skripts bzw. der Funktion oder Pipeline fort.

Tabelle 24: Werte der automatischen Variablen VerbosePreference (Forts.)

Wert	Bedeutung
`Inquire`	Zeigt eine Eingabeaufforderung an, die nachfragt, wie die PowerShell diese Verbose-Ausgabe behandeln soll.

Bei den meisten Cmdlets können Sie das explizit konfigurieren, indem Sie einen der oben aufgeführten Werte dem `Verbose`-Parameter des Cmdlet übergeben.

Die PowerShell erweitern

Damit sie als zentrales Verwaltungsinstrument einsetzbar ist, ist es notwendig, die PowerShell um die speziellen Werkzeuge für die jeweiligen Aufgaben zu erweitern. Dabei können Module, Snap-ins oder eigene Funktionen zum Einsatz kommen.

Remote Server Administration Tools (RSAT)

Die »Remote Server Administration Tools« (RSAT) sind ein Windows Update-Paket, das kostenfrei unter der folgenden Adresse von Microsoft zu beziehen ist:

https://www.microsoft.com/de-DE/download/details.aspx?id=45520

Die RSAT sind vergleichbar mit dem AdminPak früherer Windows-Versionen. Mit diesem Update rüsten Sie auf einem Windows Client (wie Windows 10) die Verwaltungswerkzeuge für die Windows Server-Editionen nach.

Nach der Installation für Ihr jeweiliges Betriebssystem (32 oder 64 Bit) stehen Ihnen neben MMC-Snap-ins und weiteren Verwaltungsprogrammen auch neue PowerShell-Module auf Ihrem lokalen Rechner zur Verfügung, die Sie für die Administration Ihrer Serversysteme starten können. Analog verfahren Sie auch bei der Installation der Management Tools für Microsoft Exchange und vielen weiteren Produkten.

Es werden PowerShell-Module für das Active Directory, DNS- und DHCP-Server und all die anderen Serverrollen bereitgestellt. Eine Ausnahme hiervon stellen lediglich die Verwaltungswerkzeuge für Hyper-V und den Internet Information Server (IIS) dar, da beide Komponenten Bestandteil von Windows 10 sind und somit nicht separat bereitgestellt werden müssen.

Weitere Informationen zur Verwaltung des Active Directory erhalten Sie im Kapitel *Integration in Produkte* auf Seite 120.

Softwareverteilung mit PowerShell 5

PowerShell 5 bringt zwei eng verwandte Module zur Softwareverteilung mit: »PowerShellGet« und »PackageManagement«.

```
Get-Module -ListAvailable -Name PackageManagement,
  PowerShellGet
```

Der Unterbau: OneGet und NuGet

Beide Module bauen auf dem OpenSource-Projekt »OneGet« auf, das das Ziel eines universellen Paketverwaltungssystems für Windows verfolgt. OneGet ist nicht als Paketverwaltungssoftware implementiert, die unmittelbare Software installiert, sondern bietet eine einheitliche Schnittstelle (API, Cmdlets) zur Integration unterschiedlicher Paketverwaltungen. Ziel ist, dass der Anwender mit denselben Befehlen unterschiedliche Softwaredepots nutzen kann, ohne die spezifischen Anforderungen der dahinterliegenden Dienste zu durchdringen.

Der Provider »NuGet« ist das Bindeglied zwischen der Paketverwaltung des Betriebssystems und einer Paketquelle wie der »PowerShell Gallery« (PSGallery). NuGet ist ein Paketmanager, der ursprünglich als Ergänzung zu Visual Studio entwickelt wurde. Der NuGet-Provider muss bei der ersten Verwendung eines abhängigen Cmdlets installiert werden, da er nicht Teil der PowerShell oder deren Module ist.

HINWEIS

Aufgrund rechtlicher Erwägungen benannte Microsoft die OneGet-Integration in PowerShell 5 kurz vor der Veröffentlichung in »PackageManagement« um. Das OpenSource-Projekt heißt jedoch nach wie vor »OneGet«, was leicht zu Verwirrung führt.

Weitere Informationen zu den genannten Projekten finden Sie im Internet:

https://github.com/OneGet/
https://www.nuget.org/
https://blogs.technet.microsoft.com/packagemanagement/2015/05/05/10-things-about-oneget-that-are-completely-different-than-you-think/

Das Modul PowerShellGet

Die Cmdlets des Moduls *PowerShellGet* erlauben Ihnen den komfortablen Zugriff auf die PSGallery und gegebenenfalls auf weitere von Ihnen hinzugefügte Repositories.

Mit dem Befehl `Find-Module` verschaffen Sie sich einen ersten Überblick über das stetig wachsende Angebot, dass Sie in der PSGallery finden. Rufen Sie den Befehl zum ersten Mal auf, so bietet Ihnen das System an, den erforderlichen NuGet-Provider zu installieren.

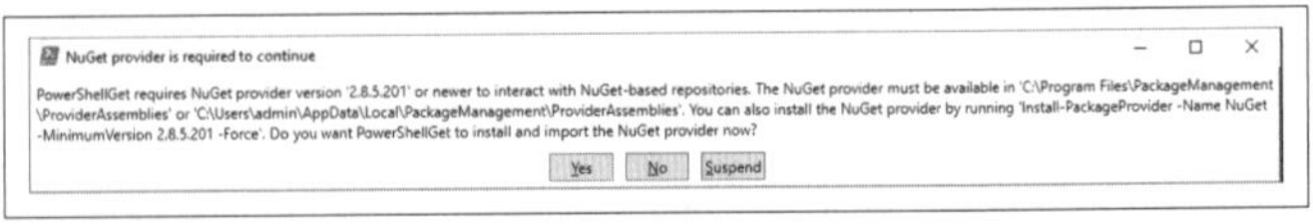

Abbildung 12: NuGet provider is required to continue

```
Find-Module
Find-Module -name PowerShellCookbook | Install-Module
```

Das Herunterladen von Software aus einem öffentlichen Repository birgt grundsätzlich Gefahren. Obgleich Microsoft die in der PowerShell Gallery veröffentlichten Lösungen prüft, bleibt ein Risiko bestehen. Konsequenterweise warnt die PowerShell Sie vor diesen Gefahren bei der Installation. Die Warnmeldungen können

Sie unterdrücken, indem Sie Install-Module mit dem Parameter `-force` aufrufen oder der PSGallery grundsätzlich Ihr Vertrauen aussprechen.

```
Find-Module -name PowerShellCookbook | Install-Module -force
Set-PSRepository -Name PSGallery -InstallationPolicy Trusted
```

Sie finden in der PSGallery auch ungewöhnlich funktionsreiche Erweiterungen wie die »ISESteroids« von Tobias Weltner. Sie können die kostenpflichtige Software als Demo testen und erhalten eine Vielzahl von nützlichen Ergänzungen zur Code-Optimierung, Syntaxanalyse, Fehlersuche etc.

```
Find-Module -name ISESteroids | Install-Module
Start-Steroids
```

Wenn Sie im Unternehmen eine Vielzahl an eigenen Skripten und Modulen verwenden, können Sie ein eigenes Repository einrichten. Das ist mit drei Zeilen PowerShell-Code erledigt und bietet sich ebenso für den Fall an, dass Sie aus Sicherheitserwägungen keinen Zugriff auf öffentliche Galerien erlauben.

Eine Freigabe erstellen:

```
New-Item -ItemType Directory -Path .\CompanyRepo
New-SmbShare -Path .\CompanyRepo -Name CompanyRepo
   -ChangeAccess RepoAdmins -ReadAccess RepoUsers
```

Eigenes Repository erzeugen, eigenes Modul veröffentlichen:

```
Register-PSRepository -Name CompanyRepo -SourceLocation \\sv1\
   CompanyRepo -InstallationPolicy Trusted
Publish-Module -Path .\MyModule -Repository CompanyRepo
```

Anstelle einer Dateifreigabe können Sie auch einen NuGet-kompatiblen Webserver betreiben.

Tabelle 25: Die wichtigsten Cmdlets des Moduls PowerShellGet

Cmdlet	Verwendungszweck
Get-PSRepository	*Listet die bekannten Repositories.*
Register-PSRepository	Registriert ein neues Repository.
Set-PSRepository	*Konfiguriert den Zugriff auf ein Repository.*
Unregister-PSRepository	Entfernt ein Repository aus der Systemkonfiguration.

Tabelle 25: Die wichtigsten Cmdlets des Moduls PowerShellGet (Forts.)

Cmdlet	Verwendungszweck
Get-InstalledModule	Listet installierte Module.
Get-InstalledScript	Listet installierte Skripte.
Find-Module	Sucht nach Modulen in einer Galerie.
Find-DscResource	Sucht nach DSC-Ressourcen in einer Galerie.
Find-Script	Sucht nach Skripten in einer Galerie.
Install-Module	Lädt Module aus einer Galerie herunter und installiert sie auf dem lokalen Computer.
Install-Script	Lädt Skripte aus einer Galerie herunter und installiert sie auf dem lokalen Computer.
Save-Module	Speichert ein Modul aus einer Galerie ohne Installation.
Save-Script	Speichert ein Skript aus einer Galerie ohne Installation.
Uninstall-Module	Entfernt ein Modul.
Uninstall-Script	Entfernt ein Skript.
Update-Module	Lädt die neueste Version eines Moduls von einer Galerie herunter und aktualisiert die lokale Kopie.
Update-Script	Lädt die neueste Version eines Skripts von einer Galerie herunter und aktualisiert die lokale Kopie.
Publish-Module	Veröffentlicht ein Modul in einer Galerie.
Publish-Script	Veröffentlicht ein Skript in einer Galerie.

Das Modul PackageManagement

Das Modul *PackageManagement* ist das Fundament, auf dem PowerShellGet aufbaut. Es erlaubt die Installation jedweder Art von Software und ist nicht auf Skripte und Module beschränkt. Das PackageManagement kennt jedoch im Grundzustand keine Quelle für den Download von Anwendungssoftware abseits der PSGallery. So müssen Sie zunächst eine weitere Paketquelle definieren, die es Ihnen erlaubt, die erforderlichen Installationsdateien zu finden.

```
Get-PackageSource
Register-PackageSource -Name chocolatey -ProviderName Chocolatey
   -Location `http://chocolatey.org/api/v2/' -Trusted -Force
```

Der hier verwendete Dienst Chocolatey (*https://chocolatey.org/*) ist ein Schwesterprojekt der NuGet-Paketverwaltung mit dem Fokus auf Anwendungssoftware. Der besondere Nutzen liegt in den Routinen zur unbeaufsichtigten Installation der gewünschten Anwendungen. Chocolatey liefert dem PackageManagement die Installationsquellen zum Download der gewünschten Software und installiert diese Software (auf Wunsch) unmittelbar.

```
Find-Package sysinternals | Install-Package
Install-Package visualstudiocode
```

HINWEIS

Auch hier ist Vertrauen in die Plattform erforderlich. Das öffentliche Chocolatey-Repository wird von Freiwilligen gewartet und weiterentwickelt. Der Aufbau eines lokalen Repositories ist möglich. Die Firma RealDimensions Software bietet hierzu ein kommerzielles Angebot.

Das PackageManagement ist nicht auf die oben genannten Beispiele beschränkt. Neben NuGet sind weitere PackageProvider wie MSI oder MSU verfügbar. So erhalten Sie mit dem Cmdlet *Get-Package* weitreichende Informationen über installierte Windows-Updates und Applikationen.

```
Get-PackageProvider
Get-Package -ProviderName msu
Get-Package -ProviderName msi
```

Tabelle 26: Die wichtigsten Cmdlets des Moduls PackageManagement

Cmdlet	Verwendungszweck
Get-PackageProvider	Übersicht über die vorhandenen PackageProvider (NuGet, MSI, MSU, PowerShellGet etc.).
Find-PackageProvider	Übersicht über installierbare PackageProvider in den bekannten Paketquellen.
Import-PackageProvider	Importiert PackageProvider in die aktuelle Session.
Install-PackageProvider	Installiert PackageProvider.
Get-PackageSource	Listet registrierte Paketquellen.
Register-PackageSource	Registriert eine neu Paketquelle.

Tabelle 26: Die wichtigsten Cmdlets des Moduls PackageManagement (Forts.)

Cmdlet	Verwendungszweck
Set-PackageSource	Ersetzt eine Paketquelle für einen bestimmten Provider.
Unregister-PackageSource	Entfernt eine registrierte Paketquelle.
Find-Package	Findet Softwarepakete in den registrierten Paketquellen.
Install-Package	Installiert Softwarepakete.
Uninstall-Package	Deinstalliert Softwarepakete.
Get-Package	Übersicht über alle Softwarepakete, die über die Paketverwaltung installiert wurden.
Save-Package	Speichert Softwarepakete auf dem lokalen Computer, ohne diese zu installieren.

HINWEIS

Das PackageManagement wird häufig mit Linux-Anwendungen wie »DPKG«/»APT« oder »RPM«/»YUM« verglichen. Linux-Distributionen, die eine der genannten Technologien verwenden (z.B. Debian, Fedora), erlauben in der Regel die vollständige Systemverwaltung einschließlich der Betriebssystem- und Treiberupdates. Vergleicht man dies mit Windows, müsste Microsoft das Update-Management (Systemupdates, -upgrades), den Windows Update Katalog (Treiberverwaltung) und den Windows Store (UWP apps) als Paketquellen über das PackageManagement zugänglich machen.

Integration in Produkte

Neben der Erweiterung für die Verwaltung von Servern kann über die Integration der PowerShell in die Serverprodukte Durchgängigkeit in der Administration sichergestellt werden.

Active Directory

Das Modul *Active Directory* stellt einen Satz von 147 Cmdlets zur Verwaltung des Active Directory (AD) bereit. Zusätzlich wird mit diesem Modul ein Provider für das AD eingebunden. Damit kann die Domäne als Laufwerk verbunden werden. Der Standardlaufwerkbezeichner ist *AD*. So kann mit dem einfachen Befehl `cd AD:` in das Active Directory gewechselt werden, als würden Sie zwischen Laufwerken im Dateisystem wechseln. Der Prompt ändert sich auf `PS AD:\>` und zeigt so das neue Laufwerk an.

Microsofts Active Directory-Modul wurde mit Windows 7 und Windows Server 2008 R2 eingeführt. Zuvor war der Zugriff mithilfe alternativer Cmdlets der Firma Quest (heute Dell) möglich. Noch heute finden Sie im Internet zahlreiche Verweise auf die Quest Cmdlets mit einer geringen Gefahr der Verwechslung: Die Quest Cmdlets weisen ein vorangestelltes »Q« im Substantiv auf, z.B. *New-QADUser*.

Für den Zugriff auf das Active Directory nutzt der Provider den »Active Directory Web Service« (ADWS), der auf TCP Port 9389 Anfragen entgegennimmt. Sollte der Zugriff auf das Active Directory fehlschlagen, so kann unter Umständen der einfache Neustart dieses Diensts bereits den Fehler beheben.

Die Cmdlets stehen auf Domänencontrollern und ADLDS-Servern (Active Directory Lightweight Directory Services) unmittelbar durch die Installation der Serverrolle zur Verfügung. Benötigen Sie die Cmdlets auf einem Server, der selbst keine dieser Rollen übernimmt – z.B. auf einem Remote Desktop-Server –, so müssen Sie die entsprechenden RSAT-Features nachinstallieren.

```
Install-WindowsFeature -Name 'RSAT-AD-PowerShell'
   -IncludeAllSubFeature
```

In Windows 10 gelangen Sie über Download und Installation des RSAT-Updates an die Cmdlets.

Nachdem Ihnen die neuen Cmdlets zur Verfügung stehen, können Sie über die PowerShell Objekte im Active Directory anlegen, verwalten und löschen. So legt z.B. dieser Befehl ein neues Benutzerkonto an:

```
New-ADUser -Name 'Jerome Boateng' -SamAccountName BoatengJ'
   GivenName 'Jerome' -Surname 'Boateng'
   -DisplayName 'Jerome Boateng'
   -Path 'ou=Jerome Boateng,DC=oreilly,DC=de'
   -OtherAttributes @{'msDS-PhoneticDisplayName'='BoatengJerome'}.
```

Oder Sie legen mit diesem Befehl eine neue Gruppe an:

```
New-ADGroup -Name 'Abwehr' -SamAccountName'Abwehr'
   -GroupCategory Security -GroupScope Global -DisplayName 'Abwehr'
   -Path 'ou=Abwehr,DC=oreilly,DC=de' -Description 'Abwehr Gruppe'
```

Besonders einfach wird das Hinzufügen von Benutzern zu Gruppen mithilfe des Cmdlet *Add-ADGroupMember*. Der Befehl lautet:

```
Add-ADGroupMember Abwehr BoatengJ
```

Eine Besonderheit des AD-Providers stellt der Umgang mit serverseitigen Filtern dar. Einerseits verlangen viele *Get-AD**-Cmdlets zwingend die Übergabe eines Filters, andererseits liefern die Ergebnisse oft nicht die gewünschte Information.

```
Get-ADUser -filter { name -like '*boateng*' } |
Select-Object *
```

Obgleich Sie den Benutzer finden, wird das System nicht alle Attribute des Benutzerkontos auflisten. Erst wenn Sie explizit mit dem Parameter `-Properties *` alle Eigenschaften des Objekts anfordern, erhalten Sie die gewünschte Information.

```
Get-ADUser -filter { name -like '*boateng*' } -Properties *
```

Während die bisher genannten Cmdlets für die Kontenverwaltung genutzt werden, gibt es noch weitere Cmdlets, die für die Topologieverwaltung bzw. das Management aller weiteren Active Directory-Objekte eingesetzt werden können.

Im Anhang finden Sie eine Gegenüberstellung von Befehlen, wie sie mit früheren Werkzeugen wie DSGET oder REPADMIN genutzt wurden, mit den Aufrufen, durch die sie mit den Active Directory-Cmdlets ersetzbar sind. Die Liste wurde freundlicherweise von einem Microsoft-Kollegen für das Buch zur Verfügung gestellt. An dieser Stelle vielen Dank dafür an Mr. Ashley McGlone, Microsoft Premier Field Engineer (*http://blogs.technet.com/b/ashleymcglone*).

Exchange

Microsoft Exchange ist im Kontext der Windows PowerShell ein herausragendes Produkt, da die Version 2007 das erste Serverprodukt war, dass die PowerShell unterstützte und durch eine Vielzahl

Exchange-spezifischer Cmdlets unmittelbar in den Fokus rückte. Exchange 2016 weist mehr als 800 Cmdlets und eine ganze Reihe von Besonderheiten in der Implementierung auf.

Die Exchange-Cmdlets, allesamt als Funktionen implementiert, werden über PowerShell-Snap-ins bereitgestellt; zur Entwicklungszeit von Exchange 2007 existierten noch keine Module (diese wurden erst mit PowerShell 2 eingeführt).

Obgleich Sie mittels `Get-PSSnapin -Registered | Add-PSSnapin` alle Snap-ins laden könnten, werden Sie stattdessen in aller Regel die »Exchange Management Shell« (EMS) verwenden. Die EMS ist keine eigene Shell, obgleich der Name dies suggeriert, sondern lediglich eine Startmenü-Verknüpfung, mit deren Hilfe zum Start Befehle ausgeführt werden.

```
. 'C:\Program Files\Microsoft\Exchange Server\V15\
    bin\RemoteExchange.ps1'
Connect-ExchangeServer -auto
  -ClientApplication:ManagementShell
```

Diese Startbefehle generieren einige nützliche Zusatzfunktionen und binden zur Laufzeit die Exchange-spezifischen Cmdlets als Proxymodul ein.

Wenn Sie die Exchange-Cmdlets in der ISE verwenden wollen, sollten Sie sich die beiden Befehle aus der Verknüpfung in eine der Profildateien (siehe Abschnitt »Profile« auf Seite 27) kopieren, alternativ können Sie eine Funktion erstellen, die Sie bei Bedarf aufrufen.

Die Exchange-Cmdlets weisen leider keine produktspezifische Kennzeichnung analog zum Präfix `-AD` auf. Somit ist es schwierig, diese Cmdlets zu identifizieren. Postfachaktivierte Benutzer rufen sie mit `Get-Mailbox` ab, wahrlich kein hinreichend eindeutiger Name. Wenn Sie die EMS gestartet haben, können Sie sich die Befehle mit den nachfolgenden Befehlen auflisten lassen. Ersetzen Sie `ex1.oreilly.de` durch den Namen des Exchange Servers, den Sie mit `Get-Module` angezeigt bekommen.

```
Get-Command -Module ex1.oreilly.de
Get-ExCommand | Where-Object {
  $_.ModuleName -eq 'ex1.oreilly.de' }
```

Möchten Sie die Verwaltung des Exchange Servers von Ihrem Windows Client steuern, stehen Ihnen zwei Optionen offen.

Installation der Verwaltungstools

Installieren Sie auf Ihrem Windows 10 Client über die Installationsroutine von Exchange ausschließlich die Verwaltungstools (Management Tools). Damit dies gelingt, müssen Sie zuvor einige Windows-Komponenten nachinstallieren:

```
Enable-WindowsOptionalFeature -Online -FeatureName
  IIS-LegacySnapIn, IIS-Metabase,
  IIS-IIS6ManagementCompatibility -all
```

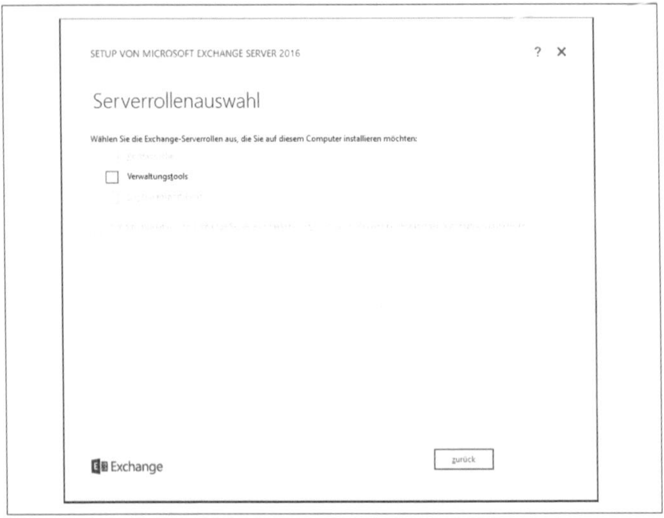

Abbildung 13: Installation Exchange Verwaltungstools

Implizites Remoting

Wer den Aufwand der Installation scheut, kann unmittelbar eine Session zum Exchange Server aufbauen und die dort angebotenen Cmdlets in die aktuelle Session importieren. Dieses »implizite Remoting« kennen Sie bereits aus dem Abschnitt »PowerShell Remoting« auf Seite 97.

Die Syntax ist hier ein wenig anders als gewohnt.

```
$pssession = New-PSSession -ConfigurationName Microsoft.Exchange
  -ConnectionUri 'http://ex1.oreilly.de/PowerShell/'
  -Credential $cred
  -Authentication Kerberos
Import-PSSession $psSession
```

Mit `Remove-PSSession` bauen Sie die Verbindung zum Server wieder ab. Sie werden geringe Unterschiede zwischen den beiden Methoden feststellen, so fehlen einige wenige Cmdlets und Anpassungen, wenn Sie auf die Installation der Management Tools verzichten, da diese von dem bereits erwähnten Startscript erzeugt werden. Nichts davon sollte aber wesentlich von Nachteil sein.

Office 365

Für den Zugriff auf Ihr Office 365-Abonnement benötigen Sie zunächst Befehle zur Anmeldung und Verwaltung Ihrer Zugangskonten bei Microsofts Onlinediensten. In einem zweiten Schritt greifen Sie auf die dahinterliegenden Dienste, wie Exchange Online, zu.

Zur Anmeldung waren Sie lange Zeit auf die Software »Microsoft Online Services-Anmelde-Assistent« angewiesen, die Sie zunächst einmal herunterladen und installieren mussten. Mithilfe der PowerShell Gallery können Sie das notwendige Modul *MSOnline* inzwischen auch auf die gewohnte, einfache Weise bereitstellen.

```
Find-Module msonline | Install-Module
Import-Module -Name msonline
Connect-MsolService -Credential (Get-Credential)
Get-MsolCompanyInformation
Get-MsolDomain
```

Sie erkennen an den Beispielbefehlen, dass die relevanten Cmdlets das Kürzel `msol` nach dem Bindestrich aufweisen. Mithilfe dieser Cmdlets können Sie jene Bereiche administrieren, die sich allgemein auf Office 365 beziehen. Die folgenden Beispiele demonstrieren einige typische Aufgaben.

```
$MsolUsers = Get-MsolUser
$MsolUsers | Format-Table -AutoSize
  -Property UserPrincipalName, DisplayName,
```

```
    isLicensed, PasswordNeverExpires
$MsolUsers | Where-Object { $_.PasswordNeverExpires -eq $false } |
    Set-MsolUser -PasswordNeverExpires $true
```

Exchange Online

Exchange Online ist einer der Serverdienste, die im Hintergrund ihren Dienst verrichten. Im Kern handelt es sich hierbei um einen Exchange Server, der für Sie und andere Kunden bereitgestellt und gewartet wird. Der Zugriff auf Exchange Online erfolgt analog zum Zugriff auf den selbstverwalteten Exchange Server mithilfe des impliziten Remotings.

```
$exOnline = New-PSSession
  -ConfigurationName Microsoft.Exchange
  -ConnectionUri https://outlook.office365.com/powershell-liveid/
  -Credential $cred -Authentication "Basic" -AllowRedirection
Import-PSSession $exOnline
Get-Mailbox -Identity NeuerM
Get-Mailbox | Get-MailboxStatistics
```

Weitere Dienste

Office 365 wird fortlaufend weiterentwickelt. Neue Produktversionen werden integriert, das Portfolio erweitert, die Verwaltungsmöglichkeiten ergänzt. In vielen Fällen gleichen oder zumindest ähneln die Module und Cmdlets den im Hintergrund verwendeten Serverprodukten und zugehörigen Modulen: SharePoint Online, Skype for Business Online etc.

Ein guter Einstiegspunkt, um sich über den aktuellen Stand der Entwicklung zu informieren, ist die nachfolgende Webseite:
"Erste Schritte mit Office 365 PowerShell"
https://technet.microsoft.com/de-de/library/dn568011.aspx

Azure

Analog zu Office 365 entwickelt sich die Plattform Azure mit großen Schritten voran. Azure integriert eine Vielzahl unterschiedlicher Dienste und Technologien, und auch hier existiert eine verwirrende Vielzahl an Modulen und Cmdlets zur Administration. Wir beschränken uns an dieser Stelle beispielhaft auf das Erstellen einer virtuellen Maschine mit den (noch jungen) AzureRM-Cmdlets.

Eine detaillierte Anleitung finden Sie im Dokumentationsbereich von Azure:

https://azure.microsoft.com/en-us/documentation/articles/virtual-machines-windows-ps-create/

Zunächst benötigen Sie ein autorisiertes Konto zum Zugriff auf Azure. Sie können ein kostenfreies Testkonto erstellen, mit dem Sie für einen beschränkten Zeitraum auch kostenpflichtige Dienste nutzen können. Microsoft gewährt Ihnen hierfür ein Startguthaben. Alle notwendigen Informationen finden Sie auf der Azure-Startseite: *https://azure.microsoft.com/de-de/*

Anmeldung bei Azure

Installieren Sie zunächst das Modul *AzureRM* aus der PowerShell Gallery. Melden Sie sich mit Ihrem Azure-Konto und dem Cmdlet *Login-AzureRmAccount* an.

```
Find-Module -Name AzureRM -Repository PSGallery |
   Install-Module
Import-Module AzureRM
Login-AzureRmAccount
```

Konfiguration der virtuellen Maschine

Sie müssen Anmeldeinformationen für die Anmeldung an der neuen VM hinterlegen. Einige Benutzernamen, wie Administrator oder admin, sind hierbei nicht zulässig.

```
$cred = Get-Credential
```

Wählen Sie eine passende Region, Sie werden im Anschluss eine Ressourcengruppe in einem der dort befindlichen Rechenzentren erzeugen.

```
Get-AzureRmLocation | Select-Object Location
$myloc = 'westeurope'
```

Da Sie nachfolgend eine virtuelle Maschine erzeugen wollen, benötigt Azure einen Speicherort für die virtuelle Festplatte, diese erfordert wiederum die besagte Ressourcengruppe.

```
Get-AzureRmResourceGroup
$myrg = 'rg1'
New-AzureRmResourceGroup -Name $myrg -Location $myloc
$mystorage = 'storage' + (Get-Random)
Get-AzureRmStorageAccountNameAvailability $mystorage
$mystorageAc = New-AzureRmStorageAccount -ResourceGroupName
   $myrg -Name $mystorage -SkuName 'Standard_LRS' -Kind
   'Storage' -Location $myloc
```

Zur Basisausstattung einer virtuellen Maschine gehört die Konfiguration des Netzwerkzugriffs.

```
$singleSubnet = New-AzureRmVirtualNetworkSubnetConfig -Name
   'subnet1' -AddressPrefix 10.0.0.0/24
$vnet = New-AzureRmVirtualNetwork -Name 'vnet1'
   -ResourceGroupName $myrg -Location $myloc -AddressPrefix
   10.0.0.0/16 -Subnet $singleSubnet
$mypublicIP = New-AzureRmPublicIpAddress -Name 'publicIp1'
   -ResourceGroupName $myrg -Location $myloc -AllocationMethod
   Dynamic
$nic = New-AzureRmNetworkInterface -Name 'nic1'
   -ResourceGroupName $myrg -Location $myloc
   -SubnetId $vnet.Subnets[0].Id
   -PublicIpAddressId $mypublicIP.Id
Get-AzureRmPublicIpAddress
```

Die Konfiguration wird abschließend mit einer Vielzahl von Cmdlets und übergebenen Werten zusammengeführt.

```
$vm = New-AzureRmVMConfig -VMName 'AzureVM1' -VMSize
   'Standard_A1'
$vm = Set-AzureRmVMOperatingSystem -VM $vm -Windows
   -ComputerName 'VM1' -Credential $cred -ProvisionVMAgent
   -EnableAutoUpdate
$vm = Set-AzureRmVMSourceImage -VM $vm -PublisherName
   MicrosoftWindowsServer -Offer WindowsServer -Skus
   2012-R2-Datacenter -Version 'latest'
$vm = Add-AzureRmVMNetworkInterface -VM $vm -Id $nic.Id
$blobPath = "vhds/WindowsVMosDisk.vhd"
$osDiskUri = $mystorageAc.PrimaryEndpoints.Blob.ToString() +
   $blobPath
$vm = Set-AzureRmVMOSDisk -VM $vm -Name 'windowsvmosdisk'
   -VhdUri $osDiskUri -CreateOption fromImage
```

Starten der virtuellen Maschine

Schlussendlich erstellen Sie die virtuelle Maschine.

```
New-AzureRmVM -ResourceGroupName $myrg -Location $myloc -VM $vm
```

Warten Sie einige Minuten, bis das neue System bereitgestellt ist. Zum Abschluss laden Sie die zugehörige RDP-Datei herunter und verbinden sich unter Verwendung des Benutzernamens und Passworts, das Sie in der Variablen `$cred` hinterlegt hatten.

```
Get-AzureRmRemoteDesktopFile -Name AzureVm1 -ResourceGroupName
   $myrg -LocalPath '.\AzureVm1.rdp'
```

Referenz

Die folgende Referenz stellt eine Kernreferenz für einige der vielseitigen Bereiche der PowerShell dar – und der umfassenden Technologien, mit denen Sie mit der PowerShell zusammenarbeiten können.

Reguläre Ausdrücke

Reguläre Ausdrücke spielen bei den meisten Aufgaben, bei denen Text durchsucht und gegeneinander abgeglichen wird, eine zentrale Rolle. Sie bilden einen wichtigen Unterbau für den `-match`-Operator, die `switch`-Anweisung, das Cmdlet *Select-String* und vieles mehr.

In den folgenden Abschnitten erhalten Sie einen Überblick darüber, wie Sie reguläre Ausdrücke mit der PowerShell einsetzen können. Die Sprachsyntax der regulären Ausdrücke wurde dabei in einzelne Themenbereiche aufgeteilt und in Tabellen mit zahlreichen Beispielen zusammengefasst.

Zeichenklassen

Tabelle 27 zeigt, welche Möglichkeiten es bei der Arbeit mit der PowerShell gibt, um mit regulären Ausdrücken verschiedene Zeichenklassen abzubilden. Mit Zeichenklassen können Muster festgelegt werden, die eine Reihe von Zeichen repräsentieren.

Tabelle 27: Zeichenklassen

Zeichenklasse	Entsprechungen

`.`	Alle Zeichen mit Ausnahme eines Newline. Wenn der reguläre Ausdruck die Option `SingleLine` verwendet, entspricht das jedem Zeichen.
	`PS > "T" -match "."`
	`True`

`[Zeichen]`	Ein beliebiges Zeichen in eckigen Klammern, z. B. `[aeiou]`.
	`PS > "Test" -match "[Tes]"`
	`True`

`[^Zeichen]`	Ein beliebiges Zeichen, das sich nicht in eckigen Klammern befindet, z. B. `[^aeiou]`.
	`PS > "Test" -match "[^Tes]"`
	`False`

`[Start-Ende]`	Alle Zeichen zwischen den Zeichen `Start` und `Ende`, jeweils inklusive. Sie können auch mehrere Zeichenbereiche in eckigen Klammern angeben, z. B. `[a-eh-j]`.
	`PS > "Test" -match "[e-t]"`
	`True`

`[^Start-Ende]`	Alle Zeichen, die sich nicht zwischen den Zeichenbereichen von `Start` bis `Ende` befinden (inklusive). Sie können auch mehrere Zeichenbereiche in eckigen Klammern angeben, z. B. `[^a-eh-j]`.
	`PS > "Test" -match "[^e-t]"`
	`False`

`\p{Zeichenklasse}`	Alle Zeichen in der Unicode-Gruppe oder im Blockbereich, der durch `{Zeichenklasse}` angegeben wird.
	`PS > "+" -match "\p{Sm}"`
	`True`

`\P{Zeichenklasse}`	Alle Zeichen, die sich nicht in der Unicode-Gruppe oder im Blockbereich befinden, der durch `{Zeichenklasse}` angegeben wird.
	`PS > "+" -match "\P{Sm}"`
	`False`

`\w`	Jedes Wortzeichen.
	`PS > "a" -match "\w"`
	`True`

`\W`	Jedes Nicht-Wortzeichen.
	`PS > "!" -match "\W"`
	`True`

Tabelle 27: Zeichenklassen (Forts.)

Zeichenklasse	Entsprechungen
\s	Jedes Whitespace-Zeichen. PS > "`t" -match "\s" True
\S	Jedes Nicht-Whitespace-Zeichen. PS > " `t" -match "\S" False
\d	Jede Dezimalziffer. PS > "5" -match "\d" True
\D	Jede Nicht-Dezimalziffer. PS > "!" -match "\D" True

Quantifizierer

Mit Quantifizierern können Sie innerhalb eines regulären Ausdrucks angeben, wie oft ein Suchmuster innerhalb des zu überprüfenden Ausdrucks vorkommen soll. Tabelle 28 zeigt Ihnen, welche Quantifizierer Ihnen in der PowerShell für reguläre Ausdrücke zur Verfügung stehen.

Tabelle 28: Quantifizierer

Quantifizierer	Bedeutung
<keiner>	Eine Übereinstimmung. PS > "T" -match "T" True
*	Keine oder mehrere Übereinstimmungen, wobei so viel wie möglich abgeglichen wird. PS > "A" -match "T*" True PS > "TTTTT" -match "^T*$" True
+	Eine oder mehrere Übereinstimmungen, wobei so viel wie möglich abgeglichen wird. PS > "A" -match "T+" False PS > "TTTTT" -match "^T+$" True

Tabelle 28: Quantifizierer (Forts.)

Quantifizierer	Bedeutung

`?`	Keine oder eine Übereinstimmung, wobei so viel wie möglich abgeglichen wird.
	`PS > "TTTTT" -match "^T?$"`
	`False`

`{n}`	Genau n Übereinstimmungen.
	`PS > "TTTTT" -match "^T{5}$"`
	`True`

`{n,}`	n oder mehr Übereinstimmungen, wobei so viel wie möglich abgeglichen wird.
	`PS > "TTTTT" -match "^T{4,}$"`
	`True`

`{n,m}`	Zwischen n und m Übereinstimmungen (inklusive), wobei so viel wie möglich abgeglichen wird.
	`PS > "TTTTT" -match "^T{4,6}$"`
	`True`

`*?`	Keine oder eine Übereinstimmung, wobei so wenig wie möglich abgeglichen wird.
	`PS > "A" -match "^AT*?$"`
	`True`

`+?`	Eine oder mehr Übereinstimmungen, wobei so wenig wie möglich abgeglichen wird.
	`PS > "A" -match "^AT+?$"`
	`False`

`??`	Keine oder eine Übereinstimmung, wobei so wenig wie möglich abgeglichen wird.
	`PS > "A" -match "^AT??$"`
	`True`

`{n}?`	Genau n Übereinstimmungen.
	`PS > "TTTTT" -match "^T{5}?$"`
	`True`

`{n,}?`	n oder mehr Übereinstimmungen, wobei so wenig wie möglich abgeglichen wird.
	`PS > "TTTTT" -match "^T{4,}?$"`
	`True`

`{n,m}?`	Zwischen n und m Übereinstimmungen (inklusive), wobei so wenig wie möglich abgeglichen wird.
	`PS > "TTTTT" -match "^T{4,6}?$"`
	`True`

Gruppierungskonstrukte

Ausdrücke können mit runden Klammern gruppiert und zusammengefasst werden. Diese Gruppierungskonstrukte bilden sogenannte *Captures*, die entweder mit einer Nummer oder mit einem Namen benannt werden. Tabelle 29 zeigt die Möglichkeiten, mit denen mit der PowerShell Zeichen, Muster und andere Ausdrücke gruppiert werden können.

Tabelle 29: Gruppierungskonstrukte

Gruppierungskonstrukt	Beschreibung

`()`	Erfasst den Text, der innerhalb der runden Klammern übereinstimmt. Diese Captures werden mit einer Nummer benannt (ausgehend von eins), die auf der Reihenfolge der öffnenden runden Klammern basiert.
	`PS > "Hello" -match "^(.*)llo$";`
	`$matches[1]`
	`True`
	`He`

`(?<Name> )`	Erfasst den Text, der innerhalb der runden Klammern übereinstimmt. Diese Captures werden mit dem in `Name` angegebenen Namen benannt.
	`PS > "Hello" -match "^(?<One>.*)llo$";`
	`$matches.One`
	`True`
	`He`

`(?<Name1-Name2> )`	Ausgleichsgruppendefinition. Hierbei handelt es sich um ein erweitertes Konstrukt regulärer Ausdrücke, das Ihnen den Abgleich symmetrischer Begriffspaare ermöglicht.

`(?: )`	Nicht aufzeichnende Gruppe.
	`PS > "A1" -match "((A|B)\d)"; $matches`
	`True`
	`Name Value`
	`---- -----`
	`2 A`
	`1 A1`
	`0 A1`
	`PS > "A1" -match "((?:A|B)\d)"; $matches`
	`True`
	`Name Value`
	`---- -----`
	`1 A1`
	`0 A1`

Tabelle 29: Gruppierungskonstrukte (Forts.)

Gruppierungskonstrukt	Beschreibung

`(?imnsx-imnsx: )`	Aktiviert oder deaktiviert für diese Gruppe die angegebene Option. Unterstützte Optionen sind:
	`i` keine Groß- und Kleinschreibung
	`m` Mehrzeilenmodus
	`n` explizite Gruppen
	`s` Einzeilenmodus
	`x` Whitespace ignorieren
	``PS > "Te`nst" -match "(T e.st)"``
	`False`
	``PS > "Te`nst" -match "(?sx:T e.st)"``
	`True`

`(?= )`	Positive Lookahead-Assertion mit einer Breite von null. Stellt sicher, dass das angegebene Muster mit der rechten Seite übereinstimmt, allerdings ohne dabei tatsächlich den Abgleich durchzuführen.
	`PS > "555-1212" -match "(?=...-)(.*)";`
	`$matches[1]`
	`True`
	`555-1212`

`(?! )`	Negative Lookahead-Assertion mit einer Breite von null. Stellt sicher, dass das angegebene Muster nicht mit der rechten Seite übereinstimmt, allerdings ohne dabei tatsächlich den Abgleich durchzuführen.
	`PS > "friendly" -match "(?!friendly)friend"`
	`False`

`(?<= )`	Positive Lookbehind-Assertion mit einer Breite von null. Stellt sicher, dass das angegebene Muster mit der linken Seite übereinstimmt, allerdings ohne dabei tatsächlich den Abgleich durchzuführen.
	`PS > "public int X" -match "^.*(?<=public`
	`)int .*$"`
	`True`

`(?<! )`	Negative Lookbehind-Assertion mit einer Breite von null. Stellt sicher, dass das angegebene Muster nicht mit der linken Seite übereinstimmt, allerdings ohne dabei tatsächlich den Abgleich durchzuführen.
	`PS > "private int X" -match "^.*(?<!pri-`
	`vate )int .*$"`
	`False`

Tabelle 29: Gruppierungskonstrukte (Forts.)

Gruppierungskonstrukt	Beschreibung

`(?> )`	Nicht zurückverfolgende Teilausdrücke. Führt nur dann zur Übereinstimmung, wenn dieser Teilausdruck vollständig abgeglichen werden kann.
	`PS > "Hello World" -match "(Hello.*)orld"`
	`True`
	`PS > "Hello World" -match "(?>Hello.*)orld"`
	`False`
	Die nicht zurückverfolgende Version des Teilausdrucks stimmt nicht überein, da die vollständige Übereinstimmung »Hello World« wäre.

Atomare Assertionen der Breite null

Mit den regulären Ausdrücken der PowerShell können Sie auch Muster festlegen, die vorgeben, wo sich die Übereinstimmung beim Musterabgleich befinden soll. In Tabelle 30 werden diese sogenannten atomaren Assertionen der Breite null aufgeführt, die Ihnen in den regulären Ausdrücken der PowerShell zur Verfügung stehen.

Tabelle 30: Atomare Assertionen mit einer Breite von null

Assertion	Einschränkung

`^`	Der Vergleich muss am Anfang der Zeichenkette erfolgen (oder am Anfang der Zeile, wenn die `Multiline`-Option aktiv ist).
	`PS > "Test" -match "^est"`
	`False`

`$`	Der Vergleich muss am Ende der Zeichenkette erfolgen (oder am Ende der Zeile, wenn die `Multiline`-Option aktiv ist).
	`PS > "Test" -match "Tes$"`
	`False`

`\A`	Der Vergleich muss am Anfang der Zeichenkette erfolgen.
	``PS > "The`nTest" -match "(?m:^Test)"``
	`True`
	``PS > "The`nTest" -match "(?m:\ATest)"``
	`False`

Tabelle 30: Atomare Assertionen mit einer Breite von null (Forts.)

Assertion	Einschränkung
\Z	Der Vergleich muss am Ende der Zeichenkette oder vor einem \n am Ende der Zeichenkette erfolgen. PS > "The`nTest`n" -match "(?m:The$)" True PS > "The`nTest`n" -match "(?m:The\Z)" False PS > "The`nTest`n" -match "Test\Z" True
\z	Der Vergleich muss am Ende der Zeichenkette erfolgen. PS > "The`nTest`n" -match "Test\z" False
\G	Der Vergleich muss an der Stelle erfolgen, an der der vorangegangene Vergleich beendet wurde. Wird mit der Methode System.Text.RegularExpressions.Match.NextMatch() eingesetzt.
\b	Der Vergleich muss an einer Wortgrenze erfolgen – beim ersten oder letzten Zeichen von Wörtern, die durch nicht alphanumerische Zeichen voneinander getrennt sind. PS > "Testing" -match "ing\b" True
\B	Der Vergleich darf nicht an einer Wortgrenze erfolgen. PS > "Testing" -match "ing\B" False

Ersetzungsmuster

Muster, die in regulären Ausdrücken für Ersetzungsoperationen eingesetzt werden, werden Ersetzungsmuster genannt. Tabelle 31 führt die Ersetzungsmuster auf, die Ihnen in den regulären Ausdrücken der PowerShell zur Verfügung stehen.

Tabelle 31: Ersetzungsmuster

Muster	Ersetzung
$Zahl	Der Text, der mit der Gruppennummer <Zahl> übereinstimmt. PS > "Test" -replace "(.*)st",'$1ar' Tear

${Name}	Der Text, der mit dem Gruppennamen <Name> übereinstimmt.
	PS > "Test" -replace "(?<pre>.*)st",'${pre}ar'
	Tear

Tabelle 31: Ersetzungsmuster (Forts.)

Muster	Ersetzung

`$$`	Ein $-Literal.
	`PS > "Test" -replace ".",'$$'`
	`$$$$`

`$&`	Eine Kopie der gesamten Übereinstimmung.
	`PS > "Test" -replace "^.*$",'Found: $&'`
	`Found: Test`

`$'`	Der Text der Eingabezeichenfolge vor der Übereinstimmung.
	``PS > "Test" -replace "est$",'Te$`'``
	`TTeT`

``$` ``	Der Text der Eingabezeichenfolge nach der Übereinstimmung.
	``PS > "Test" -replace "^Tes",'Res$`'``
	`Restt`

`$+`	Die zuletzt erfasste Gruppe.
	`PS > "Testing" -replace "(.*)ing",'$+ed'`
	`Tested`

`$_`	Die gesamte Eingabezeichenfolge.
	`PS > "Testing" -replace "(.*)ing",'String: $_'`
	`String: Testing`

Alternierungskonstrukte

Mit Alternierungskonstrukten geben Sie reguläre Ausdrücke an, mit denen Sie Entweder-oder-Vergleiche durchführen können. Tabelle 32 zeigt Ihnen die Möglichkeiten, die Sie dafür mit der PowerShell haben.

Tabelle 32: Alternierungskonstrukte

Alternierungskonstrukt	Beschreibung

`|`	Entspricht einem der Begriffe, die durch den senkrechten Balken getrennt werden.
	`PS > "Test" -match "(B|T)est"`
	`True`

`(?(Ausdruck)ja|nein)`	Entspricht dem `ja`-Teil, wenn der Ausdruck an dieser Stelle übereinstimmt. Ansonsten entspricht es dem `nein`-Teil. Der `nein`-Teil kann weggelassen werden.
	`PS > "3.14" -match "(?(\d)3.14|Pi)"`
	`True`
	`PS > "Pi" -match "(?(\d)3.14|Pi)"`
	`True`
	`PS > "2.71" -match "(?(\d)3.14|Pi)"`
	`False`

Tabelle 32: Alternierungskonstrukte (Forts.)

<table>
<tr><th>Alternierungskonstrukt</th><th>Beschreibung</th></tr>
<tr><td><code>(?(Name)ja|nein)</code></td><td>Entspricht dem <code>ja</code>-Teil, wenn die benannte Capture-Gruppe mit dem Namen <code>Name</code> an dieser Stelle eine Übereinstimmung besitzt. Ansonsten entspricht es dem <code>nein</code>-Teil. Der <code>nein</code>-Teil kann weggelassen werden.
<code>PS > "123" -match "(?<one>1)?(?(one)23|234)"
True
PS > "23" -match "(?<one>1)?(?(one)23|234)"
False
PS > "234" -match "(?<one>1)?(?(one)23|234)"
True</code></td></tr>
</table>

Rückverweiskonstrukte

Rückverweiskonstrukte sind Ausdrücke, die sich auf eine Capture-Gruppe innerhalb des Ausdrucks beziehen. Tabelle 33 führt die Rückverweiskonstrukte auf, die Ihnen bei der PowerShell zur Verfügung stehen.

Tabelle 33: Rückverweiskonstrukte

<table>
<tr><th>Rückverweiskonstrukt</th><th>Bezieht sich auf</th></tr>
<tr><td><code>\Zahl</code></td><td>Gruppennummer <code>Zahl</code> im Ausdruck.
<code>PS > "|Text|" -match "(.)Text(\1)"
True
PS > "|Text+" -match "(.)Text(\1)"
False</code></td></tr>
<tr><td><code>\k<Name></code></td><td>Die Gruppe mit dem Namen <code>Name</code> im Ausdruck.
<code>PS > "|Text|" -match "(?<Symbol>.)Text(\k<Symbol>)"
True
PS > "|Text+" -match "(?<Symbol>.)Text(\k<Symbol>)"
False</code></td></tr>
</table>

Sonstige Konstrukte

Weitere Ausdrücke, die einen regulären Ausdruck verändern, finden Sie in Tabelle 34.

Tabelle 34: Sonstige Konstrukte

Konstrukt	Beschreibung
(?imnsx-imnsx)	Aktiviert bzw. deaktiviert die angegebenen Optionen für den Rest dieses Ausdrucks. Unterstützte Optionen sind: i keine Groß- und Kleinschreibung m Mehrzeilenmodus n explizite Gruppen s Einzeilenmodus x ignoriert Whitespace PS > "Te`nst" -match "(?sx)T e.st" True
(?#)	Inline-Kommentar. Endet bei der ersten schließenden runden Klammer. PS > "Test" -match "(?# Match 'Test')Test" True
# [bis Zeilenende]	Form eines Kommentars, der erlaubt ist, wenn bei dem regulären Ausdruck die Option IgnoreWhitespace aktiviert ist. PS > "Test" -match "(?x)Test # Matches Test" True

Escape-Zeichen

Bei Escape-Zeichen handelt es sich um Zeichenfolgen, die ein anderes Zeichen repräsentieren. Tabelle 35 führt die unter der PowerShell zur Verfügung stehenden Escape-Zeichen auf.

Tabelle 35: Escape-Zeichen

Escape-Zeichen	Übereinstimmung
<normales Zeichen>	Andere Zeichen als . $ ^ { [(|) * + ?\ stehen für sich selbst.
\a	Ein Klingelzeichen (Alarm) \u0007.
\b	Ein Backspace \u0008, wenn es sich in einer [ ]-Zeichenklasse befindet. In einem regulären Ausdruck kennzeichnet \b eine Wortgrenze (zwischen den Zeichen \w und \W), außer innerhalb einer [ ]-Zeichenklasse, in der sich \b auf das Backspace-Zeichen bezieht. In einem Ersetzungsmuster stellt \b immer einen Backspace dar.
\t	Ein Tabulator \u0009.
\r	Ein Carriage Return \u000D.

Tabelle 35: Escape-Zeichen (Forts.)

Escape-Zeichen	Übereinstimmung
`\v`	Ein vertikaler Tabulator `\u000B`.
`\f`	Ein Seitenvorschub `\u000C`.
`\n`	Eine neue Zeile `\u000A`.
`\e`	Ein Escape-Zeichen `\u001B`.
`\ddd`	Ein ASCII-Zeichen als Oktalzahl (bis zu drei Stellen). Zahlen ohne vorangestellte Null werden als Rückverweise behandelt, wenn sie nur eine Ziffer enthalten oder einer Capture-Gruppennummer entsprechen.
`\xdd`	Ein ASCII-Zeichen in hexadezimaler Darstellung (genau zwei Stellen).
`\cC`	Ein ASCII-Steuerzeichen; `\cC` entspricht beispielsweise Strg-C.
`\udddd`	Ein Unicode-Zeichen in hexadezimaler Darstellung (genau vier Stellen).
`\`	Folgt diesem Zeichen ein Zeichen, das nicht als Escape-Zeichen erkannt wird, entspricht es diesem Zeichen. Beispielsweise entspricht `\*` dem literalen Zeichen `*`.

Beispielgetriebenes Parsen in PowerShell 5

In PowerShell 5 stehen Ihnen mit *Convert-String* und *ConvertFrom-String* zwei Cmdlets zur Verfügung, die die Umwandlung von Text auf Basis vorgegebener Beispiele ermöglichen. Günstigenfalls befreit Sie dies vom langwierigen Suchen und Finden der passenden regulären Ausdrücke.

```
PS > $weltmeister = 'Manuel Neuer', 'Mats Hummels','
       Philipp Lahm','Miroslav Klose'
PS > $weltmeister | Convert-String -Example
       'Manuel Neuer=NeuerM'
NeuerM
HummelsM
LahmP
KloseM
```

Auch bei der Analyse von Logfiles oder beliebigen Exportdateien kann *Convert-String* hilfreich sein.

```
$weltmeister = @(
Manuel Neuer; 1 (Torwart); München'
```

```
Mats Hummels; 4 (Abwehr); Dortmund'
Philipp Lahm; 16 (Mittelfeld); München'
Miroslav Klose; 11 (Angriff); Rom'
)
$weltmeister | Convert-String -Example 'Manuel Neuer;
  1 (Torwart); München=NeuerM, Torwart (1)'
```

Die Ausgabe der Daten entspricht Ihrem vorgegebenen Beispiel:

```
NeuerM, Torwart (1)
HummelsM, Abwehr (4)
LahmP, Mittelfeld (16)
KloseM, Angriff (11)
```

ConvertFrom-String verfolgt einen sehr ähnlichen Ansatz, erwartet jedoch die explizite Angabe einer Vorlage, wie Sie dem nachfolgenden Beispiel entnehmen.

Abbildung 14: Daten- und Vorlagendateien

```
PS > Get-Content -Path nationalelf.txt | ConvertFrom-String
      -TemplateFile nationalelftemplate.txt |
         Sort-Object -Property id
id name                         position     city
-- ----                         --------     ----
1 Manuel Neuer                  Torwart      München
2 Kevin Großkreutz              Abwehr       Dortmund
3 Matthias Ginter               Abwehr       Freiburg
4 Benedikt Höwedes              Abwehr       Gelsenkirchen
5 Mats Hummels                  Abwehr       Dortmund
6 Sami Khedira                  Mittelfeld   Madrid
7 Bastian Schweinsteiger        Mittelfeld   München
8 Mesut Özil                    Mittelfeld   London
9 Andre Schürrle                Angriff      London

[..]
```

TIPP

Microsofts Forschungsprojekt Flashextract bildet die Grundlage für die Cmdlets *Convert(From)-String*. Die Flashextract-Engine arbeitet weder fehlerfrei noch flott. Es macht in jedem Fall Sinn, eigene reguläre Ausdrücke zu entwickeln. Dennoch ist die Einfachheit dieses Ansatzes bestechend und in simplen Fällen ausgesprochen nützlich.

Mehr über das beispielgetriebene Parsen und das Projekt »Flash-Extract« können Sie im Internet erfahren:

http://research.microsoft.com/en-us/um/people/sumitg/flashextract.html

PowerShell Team, »Convert-From-String: Example-based text parsing«:

http://blogs.msdn.com/b/powershell/archive/2014/10/31/convertfrom-string-example-based-text-parsing.aspx

Automatische Variablen der PowerShell

Die PowerShell legt eine Reihe von Variablen fest, die von ihr automatisch gesetzt und auch verwendet werden. Diese Variablen werden automatische Variablen genannt und besitzen abhängig von ihrem Kontext innerhalb der Shell eine Sonderbedeutung. So wird beispielsweise in der Variablen `$psHome` das Installationsverzeichnis der PowerShell abgespeichert:

```
PS > $psHome
C:\WINDOWS\system32\WindowsPowerShell\v1.0
```

Tabelle 36 gibt einen Überblick über wichtige automatische Variablen der PowerShell sowie deren Bedeutung. Weitere Informationen finden Sie in der Hilfe:

Get-Help about_Automatic_Variables

Tabelle 36: Automatische Variablen der Windows PowerShell

Variable	Bedeutung
`$$`	Das letzte von der Shell empfangene Token der letzten Zeile.
`$?`	Erfolg-/Fehler-Status der letzten Operation.

Variable	Bedeutung
`$^`	Das erste von der Shell empfangene Token der letzten Zeile.
`$_`	Das aktuelle Pipeline-Objekt in einem Skriptblock, der durch die Pipeline läuft.
`$args`	Array mit Parametern, die dem Skript, der Funktion oder dem Skriptblock übergeben wurden.
`$confirmPreference`	Präferenzeinstellung, die den Grad der Auswirkung steuert, die Operationen haben dürfen, bevor eine Bestätigung eingefordert wird. Unterstützt die Werte `low`, `medium`, `high`. Ein Wert von `none` deaktiviert die Bestätigungsmeldungen.
`$consoleFilename`	Dateiname der PowerShell-Konsolendatei, die diese Sitzung konfiguriert hat.
`$currentlyExecutingCommand`	Momentan ausgeführter Befehl, wenn er sich in einer zwischengeschalteten Eingabeaufforderung befindet.
`$debugPreference`	Präferenzeinstellung, die steuert, wie die PowerShell mit Debug-Ausgaben umgehen soll, die von einem Skript oder einem Cmdlet geschrieben wurden. Unterstützt die Werte `SilentlyContinue`, `Continue`, `Inquire` und `Stop`.
`$error`	Array, das die (terminating und nonterminating) Fehler enthält, die in der Shell generiert werden.
`$errorActionPreference`	Präferenzeinstellung, die steuert, wie die PowerShell mit Fehlerausgaben umgehen soll, die von einem Skript oder einem Cmdlet geschrieben wurden. Unterstützt die Werte `SilentlyContinue`, `Continue`, `Inquire` und `Stop`.
`$errorView`	Präferenzeinstellung, die steuert, wie die PowerShell Fehler in der Shell ausgeben soll. Unterstützt die Werte `Normal` und `CategoryView` (eine knappere und kategorischere Ansicht des Fehlers).
`$event`	Enthält ein PSEventArgs-Objekt, das das zu verarbeitende Ereignis darstellt.
`$EventSubscriber`	Enthält ein PSEventSubscriber-Objekt, das den Ereignisabonnenten des zu verarbeitenden Ereignisses darstellt.
`$executionContext`	Hilfsmittel, mit dem Skripte auf die APIs zugreifen können, die normalerweise von Cmdlets und Providern verwendet werden.
`$false`	Variable, die den booleschen Wert `False` repräsentiert.

Tabelle 36: Automatische Variablen der Windows PowerShell (Forts.)

Variable	Bedeutung
`$foreach`	Zähler innerhalb einer `foreach`-Schleife.
`$formatEnumerationLimit`	Grenze, die angibt, wie tief die Formatierungs- und Ausgabeeinrichtungen in ein Objekt einsteigen dürfen, bevor sie ein Objekt ausgeben.
`$home`	Das Home-Verzeichnis des Benutzers.
`$host`	Hilfsmittel, mit dem Skripte auf die APIs und Implementierungsdetails des aktuellen Hosts und der Benutzerschnittstelle zugreifen können.
`$input`	Aktuelle Eingabe-Pipeline in einem Skriptblock, der durch eine Pipeline läuft.
`$lastExitCode`	Exit-Code des letzten Befehls – kann von Skripten explizit gesetzt werden und wird automatisch gesetzt, wenn native Executables aufgerufen werden.
`$logEngineHealthEvent`	Präferenzeinstellung, die der PowerShell mitteilt, dass sie Zustandsereignisse wie Fehler oder Ausnahmefehler mitprotokollieren soll. Unterstützt die Werte `$true` und `$false`.
`$logEngineLifecycle Event`	Präferenzeinstellung, die der PowerShell mitteilt, dass sie Lebenszyklusereignisse wie Start und Stop mitprotokollieren soll. Unterstützt die Werte `$true` und `$false`.
`$logCommandHealthEvent`	Präferenzeinstellung, die der PowerShell mitteilt, dass sie Zustandsereignisse von Befehlen wie Fehler oder Ausnahmefehler mitprotokollieren soll. Unterstützt die Werte `$true` und `$false`.
`$logCommandLifecycleEvent`	Präferenzeinstellung, die der PowerShell mitteilt, dass sie Lebenszyklusereignisse von Befehlen wie Start und Stop mitprotokollieren soll. Unterstützt die Werte `$true` und `$false`.
`$logProviderHealthEvent`	Präferenzeinstellung, die der PowerShell mitteilt, dass sie Zustandsereignisse der Provider wie Fehler und Ausnahmefehler mitprotokollieren soll. Unterstützt die Werte `$true` und `$false`.
`$logProviderLifecycleEvent`	Präferenzeinstellung, die der PowerShell mitteilt, dass sie die Lebenszyklusereignisse von Providern wie Start und Stop mitprotokollieren soll. Unterstützt die Werte `$true` und `$false`.
`$maximumAliasCount`	Beschränkung, wie viele Aliasse festgelegt werden dürfen.
`$matches`	Die Variable "$Matches" wird mit den Operatoren `-match` und `-notmatch` verwendet.

Tabelle 36: Automatische Variablen der Windows PowerShell (Forts.)

Variable	Bedeutung
`$maximumDriveCount`	Beschränkung, wie viele Laufwerke festgelegt werden dürfen. Hierzu gehören nicht die Standardsystemlaufwerke.
`$maximumErrorCount`	Beschränkung, wie viele Fehlermeldungen die PowerShell in der Auflistung `$error` ablegen darf.
`$maximumFunction-Count`	Beschränkung, wie viele Funktionen festgelegt werden dürfen.
`$maximumHistoryCount`	Beschränkung, wie viele History-Einträge abgelegt werden dürfen.
`$maximumVariable-Count`	Beschränkung, wie viele Variablen festgelegt werden dürfen.
`$myInvocation`	Informationen über den Kontext, in dem das Skript, die Funktion oder der Skriptblock ausgeführt wurden. Hierzu gehören auch detaillierte Informationen über den Befehl (`MyCommand`) und das dadurch festgelegte Skript (`ScriptName`).
`$nestedPromptLevel`	Verschachtelungsebene der aktuellen Eingabeaufforderung. Wird von Operationen, die einen verschachtelten Prompt ausgeben, hochgezählt (beispielsweise von `$host.EnterNestedPrompt()`) und von der `exit`-Anweisung heruntergezählt.
`$null`	Variable, die das Konzept von `Null` repräsentiert.
`$ofs`	Ausgabefeldseparator. Wird zwischen den Elementen platziert, wenn die PowerShell eine Liste als Zeichenkette ausgibt.
`$outputEncoding`	Zeichenkodierung, die eingesetzt wird, wenn Pipeline-Daten an externe Prozesse geschickt werden.
`$pid`	Prozess-ID der aktuellen PowerShell-Instanz.
`$profile`	Speicherort und Dateiname der PowerShell-Profile auf diesem Host.
`$progressPreference`	Präferenzeinstellung, die steuert, wie die PowerShell Fortschrittsausgaben behandeln soll, die von einem Skript oder Cmdlet geschrieben werden. Unterstützt die Werte `SilentlyContinue`, `Continue`, `Inquire` und `Stop`.
`$psHome`	Installationsverzeichnis der PowerShell.

Tabelle 36: Automatische Variablen der Windows PowerShell (Forts.)

Variable	Bedeutung
`$PSBoundParameters`	Enthält ein Wörterbuch mit den aktiven Parametern und deren aktuellen Werten.
`$PsCmdlet`	Enthält ein Objekt, das das ausgeführte Cmdlet bzw. die ausgeführte erweiterte Funktion darstellt.
`$PsCulture`	Enthält den Namen der Kultur, die derzeit im Betriebssystem festgelegt ist. Durch die Kultur wird das Anzeigeformat von Elementen wie Zahlen oder Währungs- und Datumsangaben bestimmt.
`$PSDebugContext`	Während des Debuggens enthält diese Variable Informationen zur Debugumgebung.
`$PsHome`	Enthält den vollständigen Pfad des Installationsverzeichnisses für Windows PowerShell, normalerweise `"%windir%\System32\WindowsPowerShell\v1.0"`.
`$PSScriptRoot`	Enthält das Verzeichnis, aus dem das Skriptmodul ausgeführt wird. Diese Variable ermöglicht Skripten den Zugriff auf andere Ressourcen über den Modulpfad.
`$PsUICulture`	Enthält den Namen der Benutzeroberflächenkultur, die derzeit für das Betriebssystem festgelegt ist.
`$PsVersionTable`	Enthält eine schreibgeschützte Hash-Tabelle, in der Details zur Windows PowerShell-Version aufgelistet werden, die in der aktuellen Sitzung ausgeführt wird.
`$pwd`	Aktuelles Arbeitsverzeichnis.
`$sender`	Enthält das Objekt, von dem dieses Ereignis generiert wurde.
`$shellId`	Shell-Identifikator für diesen Host.
`$SourceArgs`	Enthält Objekte, die die Ereignisargumente des zu verarbeitenden Ereignisses darstellen.
`$SourceEventArgs`	Enthält ein Objekt, das das erste Ereignisargument darstellt, das von EventArgs des zu verarbeitenden Ereignisses abgeleitet ist.
`$stackTrace`	Detaillierte Stack-Trace-Informationen über den letzten Fehler.
`$this`	Referenz auf das aktuelle Objekt in `ScriptMethods` und `ScriptProperties`.
`$transcript`	Dateiname, der von dem Cmdlet *Start-Transcript* verwendet wird.
`$true`	Variable, die den booleschen Wert `True` repräsentiert.

Tabelle 36: Automatische Variablen der Windows PowerShell (Forts.)

Variable	Bedeutung
`$verboseHelpErrors`	Präferenzeinstellung, die der PowerShell mitteilt, wie sie detaillierte Fehlerinformationen ausgeben soll, wenn sie ungültige Hilfedateien durchläuft. Unterstützt die Werte `$true` und `$false`.
`$verbosePreference`	Präferenzeinstellung, die steuert, wie die PowerShell Verbose-Ausgaben behandeln soll, die von einem Skript oder einem Cmdlet geschrieben werden. Unterstützt die Werte `SilentlyContinue`, `Continue`, `Inquire` und `Stop`.
`$warningPreference`	Präferenzeinstellung, die steuert, wie die PowerShell Warnausgaben behandeln soll, die von einem Skript oder Cmdlet geschrieben werden. Unterstützt die Werte `SilentlyContinue`, `Continue`, `Inquire` und `Stop`.
`$whatifPreference`	Präferenzeinstellung, die steuert, wie die PowerShell Bestätigungsanfragen behandeln soll, die von einem Skript oder einem Cmdlet aufgerufen werden. Unterstützt die Werte `SilentlyContinue`, `Continue`, `Inquire` und `Stop`.

Ausgewählte .NET-Klassen und deren Verwendung

Dieser Abschnitt gibt Hinweise auf Klassen im .NET Framework, die in Ergänzung zu dem, was die PowerShell anbietet, noch weitere hilfreiche Funktionalitäten zur Verfügung stellen. Wenn Sie eine detaillierte Beschreibung und Dokumentation benötigen, sollten Sie die Dokumentation auf *http://msdn.microsoft.com* durchsuchen.

In den folgenden Tabellen werden die hier ausgewählten .NET-Klassen thematisch gruppiert und beschrieben. Den Zugriff auf die einzelnen .NET-Klassen und die Arbeit mit ihnen verdeutlichen die folgenden Beispiele für die .NET-Klasse `System.DateTime`, die hier exemplarisch für alle anderen .NET-Klassen steht.

Das aktuelle Datum und die Uhrzeit erhalten Sie mit:

```
PS > [System.DateTime]::Now
Sonntag, 10. Juli 2016 20:00:00
```

Mit der Methode `AddHours` können Sie zum Ergebnis des ersten Beispiels Stunden hinzuzählen oder sie davon abziehen:

```
PS > [System.DateTime]::Now.AddHours(3)
Sonntag, 10. Juli 2016 23:00:00

PS > $3hZuvor = [System.DateTime]::Now.AddHours(-3)
PS > $3hZuvor
Sonntag, 10. Juli 2016 17:00:00
```

Die Methode `AddHours` der .NET-Klasse `System.DateTime` ist nur eine von vielen Methoden, die diese .NET-Klasse zur Verfügung stellt. Es gibt Methoden, mit denen Tage und Jahre addiert werden können, eine Methode, mit der die Anzahl der Tage im angegebenen Monat zurückgeliefert wird, etc. Wie die .NET-Klasse `System.DateTime` haben auch alle anderen hier aufgeführten .NET-Klassen eigene Methoden und Eigenschaften, auf die Sie über die PowerShell zugreifen können. Eine detaillierte Beschreibung der .NET-Klassen erhalten Sie, wie bereits erwähnt, auf den MSDN-Seiten bei Microsoft.

Windows PowerShell

Tabelle 37: Windows PowerShell

Klasse	Beschreibung
`System.Management.Automation.PSObject`	Repräsentiert ein PowerShell-Objekt, dem Sie Anmerkungen, Eigenschaften und Weiteres hinzufügen können.

Utility

Tabelle 38: Utility

Klasse	Beschreibung
`System.DateTime`	Repräsentiert einen Zeitpunkt, normalerweise dargestellt als Datum und Tageszeit.
`System.Guid`	Repräsentiert einen Globally Unique Identifier (GUID).
`System.Math`	Bietet Konstanten und statische Methoden für trigonometrische, logarithmische und andere häufig verwendete mathematische Funktionen an.
`System.Random`	Repräsentiert einen pseudozufälligen Zahlengenerator, ein Gerät, das eine Abfolge von Zahlen generiert, die bestimmten statistischen Anforderungen der Zufälligkeit entsprechen.

Tabelle 38: Utility (Forts.)

Klasse	Beschreibung
`System.Convert`	Konvertiert einen Basisdatentyp in einen anderen Basisdatentyp.
`System.Environment`	Bietet Informationen über die aktuelle Umgebung und Plattform sowie Hilfsmittel, mit denen diese manipuliert werden können. Diese Klasse kann nicht vererbt werden.
`System.Console`	Repräsentiert die Datenströme für Standardeingabe, Standardausgabe und Fehlermeldungen von Konsolenanwendungen. Diese Klasse kann nicht vererbt werden.
`System.Text.RegularExpressions.Regex`	Repräsentiert einen nicht veränderbaren regulären Ausdruck.
`System.Diagnostics.Debug`	Bietet eine Reihe von Methoden und Eigenschaften an, die Ihnen bei der Fehlersuche in Ihrem Code helfen. Diese Klasse kann nicht vererbt werden.
`System.Diagnostics.EventLog`	Bietet eine Interaktion mit den Windows-Ereignisprotokollen.
`System.Diagnostics.Process`	Bietet Zugriff auf lokale und entfernte Prozesse und ermöglicht Ihnen das Starten und Stoppen lokaler Systemprozesse.
`System.Diagnostics.Stopwatch`	Bietet eine Reihe von Methoden und Eigenschaften, mit denen Sie die verstrichene Zeit genau messen können.
`System.Media.SoundPlayer`	Steuert die Wiedergabe eines Sounds aus einer *.wav*-Datei.

Auflistungen und Objekt-Utilities

Tabelle 39: Auflistungen und Objekt-Utilities

Klasse	Beschreibung
`System.Array`	Bietet Methoden für das Erstellen, Manipulieren, Durchsuchen und Sortieren von Arrays und dient dabei als Basisklasse für alle Arrays in der Common Language Runtime.
`System.Enum`	Bietet die Basisklasse für Enumerationen.
`System.String`	Repräsentiert Text als eine Abfolge von Unicode-Zeichen.

Tabelle 39: Auflistungen und Objekt-Utilities (Forts.)

Klasse	Beschreibung
`System.Text.StringBuilder`	Repräsentiert eine veränderbare Zeichenfolge. Diese Klasse kann nicht vererbt werden.
`System.Collections.Specialized.OrderedDictionary`	Stellt eine Auflistung von Schlüssel/Wert-Paaren dar, auf die über den Schlüssel oder über den Index zugegriffen werden kann.
`System.Collections.ArrayList`	Implementiert die IList-Schnittstellen mithilfe eines Arrays, das nach Bedarf dynamisch vergrößert wird.

Das .NET Framework

Tabelle 40: Das .NET Framework

Klasse	Beschreibung
`System.AppDomain`	Repräsentiert eine Anwendungsdomäne. Hierbei handelt es sich um eine isolierte Umgebung, in der Anwendungen ausgeführt werden. Diese Klasse kann nicht vererbt werden.
`System.Reflection.Assembly`	Definiert eine Assembly, die ein wiederverwendbarer, versionierbarer und selbstbeschreibender Baustein einer Anwendung der Common Language Runtime ist.
`System.Type`	Repräsentiert Typendeklarationen: Klassentypen, Schnittstellentypen, Arraytypen, Wertetypen, Enumerationstypen, Typparameter, generische Typdefinitionen und offen oder geschlossen konstruierte generische Typen.
`System.Threading.Thread`	Erstellt und steuert einen Thread, setzt dessen Priorität und erhält dessen Status.
`System.Runtime.InteropServices.Marshal`	Bietet eine Auflistung von Methoden für das Zuweisen von nicht verwaltetem Speicher, das Kopieren von nicht verwalteten Speicherblöcken und das Konvertieren von verwalteten und nicht verwalteten Typen sowie sonstige Methoden, die bei der Interaktion von nicht verwaltetem Code verwendet werden.
`Microsoft.CSharp.CSharpCodeProvider`	Bietet Zugriff auf Instanzen des C#-Codegenerators und Codecompilers.

Registry

Tabelle 41: Registry

Klasse	Beschreibung
`Microsoft.Win32.Registry`	Stellt `RegistryKey`-Objekte, die die Stammschlüssel in der Windows-Registry darstellen, sowie statische Methoden für den Zugriff auf Schlüssel/Wert-Paare zur Verfügung.
`Microsoft.Win32.RegistryKey`	Repräsentiert einen Knoten auf Schlüsselebene in der Windows-Registry. Bei dieser Klasse handelt es sich um eine Kapselung der Registry.

Ein- und Ausgabe

Tabelle 42: Ein- und Ausgabe

Klasse	Beschreibung
`System.IO.Stream`	Bietet eine allgemeine Ansicht einer Abfolge von Bytes.
`System.IO.BinaryReader`	Liest primitive Datentypen als Binärwerte in einer bestimmten Kodierung.
`System.IO.BinaryWriter`	Schreibt primitive Typen binär in einen Datenstrom und unterstützt das Schreiben von Zeichenfolgen in einer bestimmten Kodierung.
`System.IO.BufferedStream`	Fügt eine Pufferungsschicht für Lese- und Schreibvorgänge auf einem anderen Datenstrom hinzu. Diese Klasse kann nicht vererbt werden.
`System.IO.Directory`	Stellt statistische Methoden für das Erstellen, Verschieben und Auflisten in Verzeichnissen und Unterverzeichnissen zur Verfügung. Diese Klasse kann nicht vererbt werden.
`System.IO.FileSystemInfo`	Stellt die Basisklasse sowohl für `FileInfo`- als auch für `DirectoryInfo`-Objekte zur Verfügung.
`System.IO.DirectoryInfo`	Stellt Instanzmethoden für das Erstellen, Verschieben und Auflisten in Verzeichnissen und Unterverzeichnissen zur Verfügung. Diese Klasse kann nicht vererbt werden.

Tabelle 42: Ein- und Ausgabe (Forts.)

Klasse	Beschreibung
`System.IO.File`	Stellt statische Methoden für das Erstellen, Kopieren, Löschen, Verschieben und Öffnen von Dateien zur Verfügung und hilft beim Erstellen von `FileStream`-Objekten.
`System.IO.MemoryStream`	Erstellt einen Datenstrom, dessen Sicherungsspeicher der Arbeitsspeicher ist.
`System.IO.Path`	Führt Operationen auf String-Instanzen aus, die Datei- oder Verzeichnispfadinformationen enthalten. Diese Operationen werden plattformübergreifend durchgeführt.
`System.IO.TextReader`	Repräsentiert ein Leseprogramm, das eine sequenzielle Zeichenfolge lesen kann.
`System.IO.StreamReader`	Implementiert einen `TextReader`, der Zeichen aus einem Bytestrom in einer bestimmten Kodierung ausliest.
`System.IO.TextWriter`	Repräsentiert ein Schreibprogramm, das eine sequenzielle Zeichenfolge schreiben kann. Hierbei handelt es sich um eine abstrakte Klasse.
`System.IO.StreamWriter`	Implementiert einen `TextWriter`, mit dem Zeichen auf einen Datenstrom in einer bestimmten Kodierung geschrieben werden können.
`System.IO.StringReader`	Implementiert einen `TextReader`, der aus einer Zeichenkette liest.
`System.IO.StringWriter`	Implementiert einen `TextWriter`, der Informationen in eine Zeichenkette schreibt. Die Informationen werden in einem darunterliegenden `StringBuilder` gespeichert.
`System.IO.Compression.DeflateStream`	Bietet Methoden und Eigenschaften für das Komprimieren und Dekomprimieren von Datenströmen mithilfe des Deflate-Algorithmus.
`System.IO.Compression.GZipStream`	Bietet Methoden und Eigenschaften, mit denen Datenströme komprimiert und dekomprimiert werden.
`System.IO.FileSystemWatcher`	Überwacht die Benachrichtigungen über Änderungen im Dateisystem und löst Ereignisse aus, wenn ein Verzeichnis oder eine Datei in einem Verzeichnis geändert wird.

Sicherheit

Tabelle 43: Sicherheit

Klasse	Beschreibung
`System.Security.Principal.WindowsIdentity`	Repräsentiert einen Windows-Benutzer.
`System.Security.Principal.WindowsPrincipal`	Ermöglicht es, mithilfe von Code die Mitgliedschaft eines Windows-Benutzers in einer Windows-Gruppe zu überprüfen.
`System.Security.Principal.WellKnownSidType`	Definiert eine Reihe häufig verwendeter Sicherheitskennungen (SIDs).
`System.Security.Principal.WindowsBuiltInRole`	Gibt häufig verwendete Rollen mithilfe von `IsInRole` an.
`System.Security.SecureString`	Repräsentiert Text, der vertraulich behandelt werden sollte. Der Text wird aus Datenschutzgründen bei der Verwendung verschlüsselt und aus dem Speicher des Computers gelöscht, wenn er nicht mehr benötigt wird. Diese Klasse kann nicht vererbt werden.
`System.Security.Cryptography.TripleDESCryptoServiceProvider`	Definiert ein Wrapper-Objekt für den Zugriff auf die Kryptografiedienste-Provider-Version (Cryptographic Service Provider, CSP) des TripleDES-Algorithmus. Diese Klasse kann nicht vererbt werden.
`System.Security.Cryptography.PasswordDeriveBytes`	Leitet mithilfe einer Erweiterung des PBKDF1-Algorithmus einen Schlüssel von einem Kennwort ab.
`System.Security.Cryptography.SHA1`	Berechnet den SHA1-Hash für die Eingabedaten.
`System.Security.AccessControl.FileSystemSecurity`	Repräsentiert die Zugriffskontrolle und die Überwachungssicherheit für eine Datei oder ein Verzeichnis.
`System.Security.AccessControl.RegistrySecurity`	Repräsentiert die Windows-Sicherheit für die Zugriffssteuerung auf einen Registrierungsschlüssel. Diese Klasse kann nicht vererbt werden.

Benutzerschnittstelle

Tabelle 44: Benutzerschnittstelle

Klasse	Beschreibung
`System.Windows.Forms.Form`	Repräsentiert ein Fenster oder Dialogfeld, das die Benutzeroberfläche einer Anwendung ausmacht.
`System.Windows.Forms.FlowLayoutPanel`	Repräsentiert einen Bereich, in dem der Inhalt dynamisch horizontal oder vertikal angeordnet wird.

Bildverarbeitung

Tabelle 45: Bildverarbeitung

Klasse	Beschreibung
`System.Drawing.Image`	Eine abstrakte Basisklasse, die Funktionen für die von Bitmap und Metafile abgeleiteten Klassen zur Verfügung stellt.
`System.Drawing.Bitmap`	Kapselt eine GDI+-Bitmap, die aus den Pixeldaten für eine Grafik und deren Attribute besteht. Eine Bitmap ist ein Objekt, das für die Arbeit mit Bildern eingesetzt wird, die durch Pixeldaten definiert werden.

Netzwerk

Tabelle 46: Netzwerk

Klasse	Beschreibung
`System.Uri`	Bietet eine Objektdarstellung eines Uniform Resource Identifier (URI) sowie den einfachen Zugriff auf Bestandteile des URI an.
`System.Net.NetworkCredential`	Stellt Anmeldeinformationen für kennwortbasierte Authentifizierungsschemata bereit, z.B.für Standard-, Digest-, NTLM- oder Kerberos-Authentifizierung.
`System.Net.Dns`	Bietet einfache Funktionen für die Auflösung von Domänennamen an.
`System.Net.FtpWebRequest`	Implementiert einen File Transfer Protocol-(FTP-)Client.

Tabelle 46: Netzwerk (Forts.)

Klasse	Beschreibung
`System.Net.HttpWebRequest`	Bietet eine HTTP-spezifische Implementierung der `WebRequest`-Klasse an.
`System.Net.WebClient`	Stellt häufig verwendete Methoden zur Verfügung, mit denen Daten an eine durch einen URI identifizierte Ressource geschickt oder von dort geholt werden können.
`System.Net.Sockets.TcpClient`	Bietet Clientverbindungen für TCP-Netzwerkdienste an.
`System.Net.Mail.MailAddress`	Repräsentiert die Adresse eines E-Mail-Absenders oder -Empfängers.
`System.Net.Mail.MailMessage`	Repräsentiert eine E-Mail-Nachricht, die mithilfe der `SmtpClient`-Klasse verschickt werden kann.
`System.Net.Mail.SmtpClient`	Ermöglicht Anwendungen das Verschicken von E-Mails mithilfe des Simple Mail Transfer Protocol (SMTP).
`System.IO.Ports.SerialPort`	Repräsentiert die Ressource eines seriellen Anschlusses.
`System.Web.HttpUtility`	Stellt Methoden für das Kodieren und Dekodieren von URLs bei der Verarbeitung von Webanfragen zur Verfügung. Diese Klasse kann nicht vererbt werden.

XML

Tabelle 47: XML

Klasse	Beschreibung
`System.Xml.XmlTextWriter`	Repräsentiert ein Schreibprogramm, das ein schnelles, nicht zwischengespeichertes, nur nach vorn gerichtetes Verfahren für die Generierung von Datenströmen oder Dateien anbietet, die XML-Daten gemäß den W3C-Empfehlungen zur Extensible Markup Language (XML) 1.0 und den Namespaces in XML enthalten.
`System.Xml.XmlDocument`	Repräsentiert ein XML-Dokument.

Windows Management Instrumentation (WMI)

Tabelle 48: Windows Management Instrumentation (WMI)

Klasse	Beschreibung
`System.Management.ManagementObject`	Repräsentiert eine WMI-Instanz.
`System.Management.ManagementClass`	Repräsentiert eine Common Information Model-(CIM-) Verwaltungsklasse. Eine Verwaltungsklasse ist eine WMI-Klasse wie beispielsweise `Win32_LogicalDisk`, die ein Festplattenlaufwerk repräsentiert, oder wie `Win32_Process`, die einen Prozess repräsentiert, beispielsweise Notepad.exe. Mit den Membern dieser Klasse können Sie mithilfe eines bestimmten WMI-Klassenpfads auf WMI-Daten zugreifen. Weitere Informationen erhalten Sie im Bereich »Win32-Klassen« in der Dokumentation zur Windows Management Instrumentation in der MSDN Library auf *http://msdn2.microsoft.com/de-de/library/default.aspx*.
`System.Management.ManagementObjectSearcher`	Ruft eine Auflistung von Verwaltungsobjekten auf Basis einer angegebenen Abfrage ab. Diese Klasse ist einer der häufiger verwendeten Einstiegspunkte für den Abruf von Verwaltungsinformationen. Sie kann beispielsweise für die Auflistung aller Festplattenlaufwerke, Netzwerkadapter, Prozesse und zahlreicher anderer Verwaltungsobjekte eines Systems eingesetzt werden oder für die Abfrage aller offenen Netzwerkverbindungen, angehaltener Dienste etc. Wenn sie instanziiert wurde, nimmt eine Instanz dieser Klasse eine durch eine `ObjectQuery`-Klasse oder deren Ableitungen repräsentierte WMI-Abfrage als Eingabe entgegen. Optional kann auch eine `ManagementScope`-Klasse übergeben werden, die den WMI-Namespace repräsentiert, in dem die Abfrage ausgeführt werden soll. Der Instanz können außerdem zusätzliche erweiterte Optionen in einer `EnumerationOptions`-Klasse übergeben werden. Wenn auf diesem Objekt die Get-Methode aufgerufen wird, führt `ManagementObjectSearcher` die angegebene Abfrage im angegebenen Geltungsbereich aus und liefert eine Auflistung von Verwaltungsobjekten zurück, die mit der Abfrage in einer `ManagementObjectCollection`-Klasse übereinstimmen.

Tabelle 48: Windows Management Instrumentation (WMI) (Forts.)

Klasse	Beschreibung
`System.Management.ManagementDateTimeConverter`	Liefert Methoden für die Konvertierung von DMTF-Datumsangaben und DMTF-Zeitintervallen in ein CLR-kompatibles `DateTime`- und `TimeSpan`-Format und umgekehrt.
`System.Management.ManagementEventWatcher`	Abonniert auf Basis einer angegebenen Ereignisabfrage temporäre Ereignisbenachrichtigungen.

Active Directory

Tabelle 49: Active Directory

Klasse	Beschreibung
`System.DirectoryServices.DirectorySearcher`	Führt Abfragen in Active Directory durch.
`System.DirectoryServices.DirectoryEntry`	Die `DirectoryEntry`-Klasse kapselt einen Knoten oder ein Objekt in der Active Directory-Hierarchie.

Datenbank

Tabelle 50: Datenbank

Klasse	Beschreibung
`System.Data.DataSet`	Repräsentiert einen Daten-Cache im Arbeitsspeicher.
`System.Data.DataTable`	Repräsentiert eine Tabelle mit Daten, die sich im Arbeitsspeicher befinden.
`System.Data.SqlClient.SqlCommand`	Repräsentiert eine Transact-SQL-Anweisung oder eine gespeicherte Prozedur, die in einer SQL-Serverdatenbank ausgeführt werden soll. Diese Klasse kann nicht vererbt werden.
`System.Data.SqlClient.SqlConnection`	Repräsentiert eine offene Verbindung zu einer SQL-Serverdatenbank. Diese Klasse kann nicht vererbt werden.
`System.Data.SqlClient.SqlDataAdapter`	Repräsentiert eine Reihe von Datenbefehlen und eine Datenbankverbindung, mit denen das `DataSet` aufgefüllt und die SQL-Serverdatenbank aktualisiert werden sollen. Diese Klasse kann nicht vererbt werden.

Tabelle 50: Datenbank (Forts.)

Klasse	Beschreibung
`System.Data.Odbc.OdbcCommand`	Repräsentiert eine SQL-Anweisung oder eine gespeicherte Prozedur, die in einer Datenquelle ausgeführt werden soll. Diese Klasse kann nicht vererbt werden.
`System.Data.Odbc.OdbcConnection`	Repräsentiert eine offene Verbindung zu einer Datenquelle.
`System.Data.Odbc.OdbcDataAdapter`	Repräsentiert eine Reihe von Datenbefehlen und eine Verbindung zu einer Datenquelle, mit denen das `DataSet` aufgefüllt und die Datenquelle aktualisiert werden sollen. Diese Klasse kann nicht vererbt werden.

Message-Queuing

Tabelle 51: Message-Queuing

Klasse	Berschreibung
`System.Messaging.MessageQueue`	Stellt den Zugriff auf eine Warteschlange auf einem Message-Queuing-Server zur Verfügung.

Transaktionen

Tabelle 52: Transaktionen

Klasse	Beschreibung
`System.Transactions.Transaction`	Repräsentiert eine Transaktion.

WMI-Referenz

Die Einrichtungen der Windows Management Instrumentation unter Windows bieten Tausende von Klassen, die den Administratoren interessante Informationen zur Verfügung stellen. Eine Einführung finden Sie im Kapitel *(W)MI* auf Seite 87.

Dieser Abschnitt führt die Kategorien und Unterkategorien auf, die von WMI abgedeckt werden, sowie eine ausgewählte Teilmenge der nützlichsten WMI-Klassen. Wenn Sie weitere Informationen zu einer Kategorie suchen, können Sie die offizielle WMI-Dokumentation auf *http://msdn.microsoft.com* durchsuchen.

In den folgenden Tabellen werden die hier ausgewählten WMI-Klassen thematisch gruppiert und beschrieben. Den Zugriff auf die einzelnen WMI-Klassen und die Arbeit mit ihnen verdeutlichen die folgenden Beispiele:

Dieser Befehl liefert Ihnen Informationen über das BIOS auf dem aktuellen Computersystem:

```
PS > Get-CimInstance Win32_BIOS
SMBIOSBIOSVersion : 4.6.5
Manufacturer      : American Megatrends I
Name              : 4.6.5
SerialNumber      : Not Applicable
Version           : ALASKA - 1072009
```

Mit dem folgenden Befehl erhalten Sie Informationen über die einzelnen Speichermodule auf dem aktuellen Computersystem:

```
PS > Get-CimInstance Win32_PhysicalMemory  |
   Format-Table Tag,BankLabel,DeviceLocator, Capacity -AutoSize

Tag                BankLabel  DeviceLocator     Capacity
---                ---------  -------------     --------
Physical Memory 0  BANK 0     ChannelA-DIMM0    8589934592
Physical Memory 2  BANK 2     ChannelB-DIMM0    8589934592
```

Tabelle 53: Kategorien und Unterkategorien von WMI-Klassen

Kategorie	Unterkategorie
Computersystem-Hardware	Lüfter, Eingabegerät, Massenspeicher, Motherboard, Controller, Port, Netzwerkgerät, Stromzufuhr, Drucken, Telefonie, Grafik und Monitor.
Betriebssystem	COM, Desktop, Treiber, Dateisystem, Job-Objekte, Arbeitsspeicher und Pagefiles, Multimedia, Netzwerk, Betriebssystemereignisse, Betriebssystemeinstellungen, Prozesse, Registry, Scheduler-Jobs, Sicherheit, Dienste, Freigaben, Startmenü, Speicher, Benutzer, Windows-NT-Ereignisprotokoll, Windows-Produktaktivierung.
WMI-Dienstverwaltung	WMI-Konfiguration, WMI-Verwaltung.
Allgemein	Installierte Anwendungen, Leistungsmessung, Sicherheitsbeschreibung.

Tabelle 54: Ausgewählte WMI-Klassen und ihre Verwendung

Klasse	Beschreibung
`Win32_BaseBoard`	Repräsentiert die Hauptplatine, die auch Motherboard oder Systemplatine genannt wird.
`Win32_BIOS`	Repräsentiert die Attribute des Basic Input/Output System (BIOS), das auf einem Computer installiert ist.
`Win32_BootConfiguration`	Repräsentiert die Boot-Konfiguration eines Windows-Systems.
`Win32_CDROMDrive`	Repräsentiert ein CD-ROM-Laufwerk auf einem Windows-Computersystem. Bedenken Sie, dass der Name des Laufwerks nicht dem logischen Laufwerkbuchstaben entspricht, der dem Gerät zugewiesen wurde.
`Win32_ComputerSystem`	Repräsentiert ein Computer-Betriebssystem in einer Windows-Umgebung.
`Win32_Processor`	Repräsentiert ein Gerät, das eine Abfolge von Anweisungen auf einem Computer auswerten kann, auf dem ein Windows-Betriebssystem läuft. Auf einer Mehrprozessormaschine gibt es für jeden Prozessor eine Instanz der `Win32_Processor`-Klasse.
`Win32_ComputerSystemProduct`	Repräsentiert ein Produkt. Hierzu gehören Soft- und Hardware, die auf diesem Computersystem verwendet werden.
`CIM_DataFile`	Repräsentiert eine benannte Auflistung von Daten oder ausführbarem Code. Momentan liefert der Provider Dateien von fest eingebauten und von eingebundenen logischen Laufwerken zurück. In der Zukunft werden nur noch Instanzen von Dateien auf lokalen, fest eingebauten Laufwerken zurückgeliefert.
`Win32_DCOMApplication`	Repräsentiert die Eigenschaften einer DCOM-Anwendung.
`Win32_Desktop`	Repräsentiert die üblichen Eigenschaften eines Benutzerdesktops. Die Eigenschaften dieser Klasse können vom Benutzer verändert werden, um den Desktop individuell anzupassen.
`Win32_DesktopMonitor`	Repräsentiert den Monitortyp bzw. das Anzeigegerät, das an das Computersystem angeschlossen ist.
`Win32_DeviceMemoryAddress`	Repräsentiert eine Gerätespeicheradresse auf einem Windows-System.

Tabelle 54: Ausgewählte WMI-Klassen und ihre Verwendung (Forts.)

Klasse	Beschreibung
`Win32_DiskDrive`	Repräsentiert ein physisches Festplattenlaufwerk, wie es von einem Computer gesehen wird, auf dem das Windows-Betriebssystem läuft. Jede Schnittstelle zu einem physischen Festplattenlaufwerk unter Windows ist ein Abkömmling (oder Member) dieser Klasse. Die Features des Festplattenlaufwerks, die über dieses Objekt sichtbar werden, entsprechen den logischen Eigenschaften und den Verwaltungseigenschaften des Laufwerks. In einigen Fällen könnte das nicht die tatsächlichen physischen Eigenschaften des Geräts widerspiegeln. Jedes Objekt, das auf einem anderen logischen Gerät basiert, wäre kein Member dieser Klasse.
`Win32_DiskQuota`	Verfolgt den Speicherplatzverbrauch auf NTFS-Dateisystem-Volumes. Ein Systemadministrator (SA) kann Windows so konfigurieren, dass ein weiterer Speicherplatzverbrauch verhindert und ein Ereignis protokolliert wird, wenn ein Anwender eine bestimmte Speicherplatzgrenze überschreitet. Ein SA kann auch ein Ereignis protokollieren lassen, wenn ein Benutzer eine bestimmte Speichermenge überschreitet, bei der eine Warnung ausgegeben werden soll. Diese Klasse war unter Windows XP neu.
`Win32_DMAChannel`	Repräsentiert einen direkten Speicherzugriffskanal (Direct Memory Access, DMA) auf einem Windows-Computersystem. DMA ist ein Verfahren, bei dem ohne Unterstützung durch den Mikroprozessor Daten von einem Gerät in den Speicher (oder umgekehrt) verschoben werden. Die Hauptplatine setzt einen DMA-Controller ein, um eine feste Anzahl von Kanälen zu verwalten. Jeder dieser Kanäle kann zur gleichen Zeit von einem (und nur von einem) Gerät verwendet werden.
`Win32_Environment`	Repräsentiert eine Umgebungs- oder Systemumgebungseinstellung auf einem Windows-Computersystem. Eine Anfrage an diese Klasse liefert Umgebungsvariablen zurück, die man in `HKLM\System\CurrentControlSet\Control\Sessionmanager\Environment` oder in `HKEY_USERS\<Benutzer>\Environment` findet.

Tabelle 54: Ausgewählte WMI-Klassen und ihre Verwendung (Forts.)

Klasse	Beschreibung
`Win32_Directory`	Repräsentiert einen Verzeichniseintrag auf einem Windows-Computersystem. Ein Verzeichnis ist ein Dateityp, der Datendateien logisch gruppiert und Pfadinformationen für die gruppierten Dateien zur Verfügung stellt, z.B. *C:\TEMP*. `Win32_Directory` enthält keine Verzeichnisse von Netzwerklaufwerken.
`Win32_Group`	Repräsentiert Daten eines Gruppenkontos. Mit einem Gruppenkonto können die Zugriffsberechtigungen für eine Liste mit Benutzern geändert werden. Beispiel: *Marketing2*.
`Win32_IDEController`	Verwaltet die Funktionalitäten eines Integrated Device Electronics-(IDE-)Controllergeräts.
`Win32_IRQResource`	Repräsentiert eine Interrupt Request Line-(IRQ-)Zahl auf einem Windows-Computersystem. Ein Interrupt Request ist ein Signal, das von einem Gerät oder einem Programm bei zeitkritischen Ereignissen an die CPU geschickt wird. Ein IRQ kann auf Hardware oder Software basieren.
`Win32_ScheduledJob`	Repräsentiert einen Job, der mit einem AT-Befehl erstellt wurde. Die Klasse `Win32_ScheduledJob` repräsentiert keinen Job, der mit dem Assistenten für geplante Tasks aus der Systemsteuerung erstellt wurde. Sie können in der Benutzeroberfläche für *Geplante Tasks* keinen Task ändern, der von WMI erstellt wurde. Windows 2000 und Windows NT 4.0: Sie können mithilfe der Benutzeroberfläche für *Geplante Tasks* Tasks bearbeiten, die Sie ursprünglich mit WMI erstellt haben. Sie können dann jedoch, auch wenn der Task erfolgreich bearbeitet wurde, auf diesen Task nicht mehr über WMI zugreifen. Jeder Job, der für den Schedule-Dienst (Taskplaner) eingeplant wurde, wird dauerhaft abgespeichert (der Scheduler kann einen Job auch nach einem Reboot starten) und zur angegebenen Uhrzeit am angegebenen Wochen- oder Monatstag ausgeführt. Wenn der Computer zum festgelegten Zeitpunkt nicht eingeschaltet ist oder der Schedule-Dienst nicht läuft, führt der Schedule-Dienst diesen Task am nächsten Tag zur vorgegebenen Uhrzeit aus.

Tabelle 54: Ausgewählte WMI-Klassen und ihre Verwendung (Forts.)

Klasse	Beschreibung
	Die Jobs werden gemäß der Universal Coordinated Time (UTC) unter Berücksichtigung der Zeitverschiebung zur Greenwich Mean Time (GMT) eingeplant. D.h., dass ein Job für jede beliebige Zeitzone festgelegt werden kann. Die Klasse `Win32_ScheduledJob` liefert die lokale Zeit mit der Verschiebung zu UTC zurück, wenn ein Objekt aufgezählt wird, und führt eine Konvertierung in die lokale Zeit durch, wenn neue Jobs eingerichtet werden. Wenn beispielsweise ein Job eingerichtet wird, der in London um 21:30 Uhr ausgeführt werden soll, wird er hier so eingeplant, dass er lokal um 22:30 Uhr ausgeführt wird. Beachten Sie dabei auch, dass ein Client berücksichtigen muss, ob auf dem lokalen Computer die Sommerzeit eingestellt ist. Wenn ja, müssen von der UTC-Zeitverschiebung noch 60 Minuten abgezogen werden.
`Win32_LoadOrderGroup`	Repräsentiert eine Gruppe von Systemdiensten, die Ausführungsabhängigkeiten festlegen. Die Dienste müssen in der von der Load Order Group festgelegten Reihenfolge gestartet werden, da sie voneinander abhängig sind. Diese voneinander abhängigen Dienste benötigen die jeweils vorangegangenen Dienste, um richtig funktionieren zu können. Die Daten in dieser Klasse leiten sich aus dem Registrierungsschlüssel `System\CurrentControlSet\Control\GroupOrderList` ab.
`Win32_LogicalDisk`	Repräsentiert eine Datenquelle, die zu einem tatsächlichen lokalen Speichergerät auf einem Windows-System gehört.
`Win32_LogonSession`	Beschreibt die Anmeldesitzung oder -sitzungen, die zu einem Benutzer gehören, der sich auf Windows NT oder Windows 2000 angemeldet hat.
`Win32_CacheMemory`	Repräsentiert internen und externen Cache-Speicher auf einem Computersystem.
`Win32_LogicalMemoryConfiguration`	Repräsentiert die Ausstattung und die Verfügbarkeit des Speichers auf einem Windows-System. Ab Windows Vista steht diese Klasse im Betriebssystem nicht mehr zur Verfügung.

Tabelle 54: Ausgewählte WMI-Klassen und ihre Verwendung (Forts.)

Klasse	Beschreibung
	Windows XP und Windows Server 2003: Diese Klasse wird nicht mehr unterstützt. Verwenden Sie stattdessen die Klasse `Win32_OperatingSystem`. Windows 2000: Diese Klasse steht zur Verfügung und wird unterstützt.
`Win32_PhysicalMemoryArray`	Repräsentiert Details über den physischen Speicher des Computersystems. Dazu gehören die Anzahl der Speichergeräte, der verfügbare Gesamtspeicher und die Art des Speichers – z. B. System- oder Grafikspeicher.
`WIN32_NetworkClient`	Repräsentiert einen Netzwerkclient auf einem Windows-System. Jedes Computersystem im Netzwerk, das eine Clientbeziehung zu diesem System besitzt, ist ein Abkömmling (oder Member) dieser Klasse (beispielsweise ein Computer, auf dem Windows 2000 Workstation oder Windows 98 läuft und der Teil einer Windows-2000-Domäne ist).
`Win32_NetworkLoginProfile`	Repräsentiert die Netzwerk-Anmeldeinformationen eines bestimmten Benutzers auf einem Windows-System. Dazu gehören unter anderem der Passwortstatus, Zugriffsberechtigungen, Disk-Quotas und Anmeldeverzeichnispfade.
`Win32_NetworkProtocol`	Repräsentiert ein Protokoll und dessen Netzwerk-Leistungsmerkmale auf einem Win32-Computersystem.
`Win32_NetworkConnection`	Repräsentiert eine aktive Netzwerkverbindung in einer Windows-Umgebung.
`Win32_NetworkAdapter`	Repräsentiert einen Netzwerkadapter auf einem Computer, der mit einem Windows-Betriebssystem läuft.
`Win32_NetworkAdapter Configuration`	Repräsentiert die Eigenschaften und das Verhalten eines Netzwerkadapters. Diese Klasse enthält gesonderte Eigenschaften und Methoden, die die Verwaltung der Protokolle TCP/IP und Internetworking Packet Exchange (IPX) unterstützen, die unabhängig vom Netzwerkadapater sind.
`Win32_NTDomain`	Repräsentiert eine Windows NT-Domäne.

Tabelle 54: Ausgewählte WMI-Klassen und ihre Verwendung (Forts.)

Klasse	Beschreibung
`Win32_NTLogEvent`	Hiermit werden Instanzen aus dem Windows NT-Ereignisprotokoll übersetzt. Eine Anwendung muss *SeSecurityPrivilege* besitzen, um Ereignisse aus dem Ereignisprotokoll *Sicherheit* empfangen zu können, ansonsten wird der Anwendung eine »Zugriff verweigert«-Meldung zurückgeliefert.
`Win32_NTEventlogFile`	Repräsentiert eine logische Datei oder ein logisches Verzeichnis der Windows-NT-Ereignisse. Die Datei wird auch als Ereignisprotokoll genannt.
`Win32_OnBoardDevice`	Repräsentiert häufig verwendete Adaptergeräte, die auf dem Motherboard (Hauptplatine) verbaut sind.
`Win32_OperatingSystem`	Repräsentiert ein auf dem Computer installiertes Betriebssystem, auf dem ein Windows-Betriebssystem läuft. Jedes Betriebssystem, das auf einem Windows-System installiert werden kann, ist ein Abkömmling oder Member dieser Klasse. `Win32_OperatingSystem` ist eine Singleton-Klasse. Wenn Sie die einzige Instanz erhalten möchten, müssen Sie für den Schlüssel das @ verwenden. Windows Server 2003, Windows XP, Windows 2000 und Windows NT 4.0: Wenn auf einem Computer mehrere Betriebssysteme installiert sind, liefert diese Klasse nur eine Instanz für das momentan aktive Betriebssystem zurück.
`Win32_PageFileUsage`	Repräsentiert die Datei, mit der auf einem Win32-System das Auslagern von virtuellem Speicher in eine Datei verwaltet wird. Die Informationen, die in den Objekten enthalten sind, die aus dieser Klasse entstanden sind, geben den Laufzeitstatus der Auslagerungsdatei an.
`Win32_PageFileSetting`	Repräsentiert die Einstellungen einer Auslagerungsdatei. Die Informationen, die in den Objekten enthalten sind, die aus dieser Klasse entstanden sind, geben die Parameter der Auslagerungsdatei an, mit denen die Datei beim Systemstart eingerichtet wird. Die Eigenschaften in dieser Klasse können bis zum Start verändert und verzögert werden. Diese Einstellungen unterscheiden sich vom Laufzeitzustand einer Auslagerungsdatei, der über die zugehörige Klasse `Win32_PageFileUsage` ausgedrückt wird.

Tabelle 54: Ausgewählte WMI-Klassen und ihre Verwendung (Forts.)

Klasse	Beschreibung
`Win32_DiskPartition`	Repräsentiert die Ressourcen und das Volumen eines partitionierten Bereichs einer physischen Festplatte auf einem Windows-System. Beispiel: Disk #0, Partition #1.
`Win32_PortResource`	Repräsentiert einen I/O-Anschluss auf einem Windows-Computersystem.
`Win32_PortConnector`	Repräsentiert physische Verbindungsanschlüsse, beispielsweise DB-25-Steckeranschluss, Centronics oder PS/2.
`Win32_Printer`	Repräsentiert ein Gerät, das an einem Computer angeschlossen ist, auf dem ein Windows-Betriebssystem läuft, und ein Bild bzw. Text auf Papier oder ein anderes Medium drucken kann.
`Win32_PrinterConfiguration`	Repräsentiert die Konfiguration eines Druckergeräts. Dazu gehören Leistungsmerkmale wie Auflösung, Farbe, Schriften und Papierausrichtung.
`Win32_PrintJob`	Repräsentiert einen Druckauftrag, der von einer Windows-Anwendung erzeugt wurde. Jeder Arbeitsschritt, der vom Druckbefehl einer Anwendung erzeugt wird, die auf einem Computer mit Windows-Betriebssystem läuft, ist ein Abkömmling oder Member dieser Klasse.
`Win32_Process`	Repräsentiert einen Prozess auf einem Betriebssystem.
`Win32_Product`	Repräsentiert die Produkte, wie sie vom Windows Installer installiert wurden. Ein Produkt gehört normalerweise zu einem Installationspaket. Weitere Informationen zur Unterstützung und den Anforderungen bei der Installation eines bestimmten Betriebssystems finden Sie auf MSDN unter »Operating System Availability of WMI Components«.
`Win32_QuickFixEngineering`	Repräsentiert das systemweite Quick Fix Engineering (QFE) oder Updates, die auf dem aktuellen Betriebssystem eingespielt wurden.
`Win32_QuotaSetting`	Enthält Konfigurationsinformationen für Festplatten-Quotas auf einem Volume.

Tabelle 54: Ausgewählte WMI-Klassen und ihre Verwendung (Forts.)

Klasse	Beschreibung
`Win32_OSRecoveryConfiguration`	Repräsentiert die Art der Informationen, die aus dem Speicher zusammengetragen werden, wenn im Betriebssystem ein Fehler auftritt. Hierzu gehören Fehler im Boot-Vorgang und Systemabstürze.
`Win32_Registry`	Repräsentiert die Systemregistrierung auf einem Windows-Computersystem.
`Win32_SCSIController`	Repräsentiert einen SCSI-Controller auf einem Windows-System.
`Win32_PerfRawData_PerfNet_Server`	Liefert Rohdaten von Leistungsmessern, die mithilfe des WINS-Serverdiensts Verbindungen überwachen.
`Win32_Service`	Repräsentiert einen Dienst auf einem Computer, auf dem ein Windows-Betriebssystem läuft. Eine Dienstanwendung entspricht den Schnittstellenregeln des Service Control Manager (SCM) und kann von einem Benutzer über das Dienste-Verwaltungswerkzeug automatisch beim Systemstart oder durch eine Anwendung, die die in der Windows-API enthaltenen Dienstefunktionen einsetzt, gestartet werden. Dienste können auch gestartet werden, wenn keine Benutzer am Computer angemeldet sind.
`Win32_Share`	Repräsentiert eine freigegebene Ressource auf einem Windows-System. Das kann ein Festplattenlaufwerk, ein Drucker, eine Interprozess-Kommunikation oder ein anderes Gerät sein, das freigegeben werden kann.
`Win32_SoftwareElement`	Repräsentiert ein Softwareelement, einen Bestandteil einer Softwarefunktionalität (eine eindeutige Untermenge eines Produkts, das ein oder mehrere Elemente enthält). Jedes Softwareelement wird in einer `Win32_SoftwareElement`-Instanz festgelegt, und die Verbindung zwischen einer Funktionalität und ihrer `Win32_SoftwareFeature`-Instanz wird festgelegt in der Verbindungsklasse `Win32_SoftwareFeatureSoftwareElements`. Weitere Informationen zur Unterstützung und den Anforderungen bei der Installation eines bestimmten Betriebssystems finden Sie auf MSDN unter »Operating System Availability of WMI Components«.

Tabelle 54: Ausgewählte WMI-Klassen und ihre Verwendung (Forts.)

Klasse	Beschreibung
`Win32_SoftwareFeature`	Repräsentiert eine eindeutige Untermenge eines Produkts, das aus einem oder mehreren Softwareelementen besteht. Jedes Softwareelement wird in einer `Win32_SoftwareElement`-Instanz festgelegt, und die Verbindung zwischen einem Feature und seiner `Win32_SoftwareFeature`-Instanz wird festgelegt in der Verbindungsklasse `Win32_SoftwareFeatureSoftwareElements`. Weitere Informationen zur Unterstützung und den Anforderungen bei der Installation eines bestimmten Betriebssystems finden Sie auf MSDN unter »Operating System Availability of WMI Components«.
`WIN32_SoundDevice`	Repräsentiert die Eigenschaften eines Audiogeräts auf einem Windows-Computersystem.
`Win32_StartupCommand`	Repräsentiert einen Befehl, der automatisch ausgeführt wird, wenn sich ein Benutzer am Computersystem anmeldet.
`Win32_SystemAccount`	Repräsentiert ein Systemkonto. Das Systemkonto wird vom Betriebssystem und von Diensten verwendet, die unter Windows NT laufen. Innerhalb von Windows NT gibt es viele Dienste und Prozesse, die die Möglichkeit haben müssen, sich intern anzumelden, beispielsweise während einer Windows-NT-Installation. Für diesen Zweck wurde das Systemkonto entworfen.
`Win32_SystemDriver`	Repräsentiert einen Systemtreiber für einen Basisdienst.
`Win32_SystemEnclosure`	Repräsentiert die Eigenschaften, die zu einem physischen System-Enclosure gehören.
`Win32_SystemSlot`	Repräsentiert physische Verbindungsstellen, zu denen Anschlüsse, Motherboard-Anschlüsse sowie -Peripheriegeräte und proprietäre Verbindungsstellen gehören.
`Win32_TapeDrive`	Repräsentiert ein Bandlaufwerk an einem Windows-Computer. Bandlaufwerke zeichnen sich in erster Linie dadurch aus, dass nur sequenziell auf sie zugegriffen werden kann.

Tabelle 54: Ausgewählte WMI-Klassen und ihre Verwendung (Forts.)

Klasse	Beschreibung
`Win32_TemperatureProbe`	Repräsentiert die Eigenschaften eines Temperatursensors (elektronisches Thermometer).
`Win32_TimeZone`	Repräsentiert die Zeitzoneninformationen für ein Windows-System, zu denen auch die Umstellung von Sommer- auf Winterzeit gehört.
`Win32_Uninterruptible PowerSupply`	Repräsentiert die Funktionalitäten und Verwaltungseigenschaften einer unterbrechungsfreien Stromversorgung (USV). Mit Windows Vista ist diese Klasse veraltet und steht nicht mehr zur Verfügung, da auch der Dienst *Unterbrechungsfreie Stromversorgung* nicht mehr zur Verfügung steht. Dieser Dienst arbeitet mit seriell angeschlossenen USV-Geräten zusammen, nicht mit USB-Geräten. Windows Server 2003 und Windows XP: Diese Klasse steht zwar zur Verfügung, kann aber nicht eingesetzt werden, da der USV-Dienst fehlerhaft ist. Windows Server 2003, Windows XP, Windows 2000 und Windows NT 4.0: Diese Klasse steht zur Verfügung und ist implementiert.
`Win32_UserAccount`	Enthält Informationen über ein Benutzerkonto auf einem Computer, der unter einem Windows-Betriebssystem läuft. Anmerkung: Da sowohl der Name als auch die Domäne Schlüsseleigenschaften sind, kann die Auflistung von `Win32_UserAccount` in einem großen Netzwerk negative Auswirkungen auf die Geschwindigkeit haben. Der Aufruf von `GetObject` und die Abfrage einer bestimmten Instanz haben geringere Auswirkungen.
`Win32_VoltageProbe`	Repräsentiert die Eigenschaften eines Spannungsmessers (elektronisches Voltmeter).
`Win32_VolumeQuotaSetting`	Verbindet Einstellungen von Festplatten-Quotas mit einem bestimmten Festplatten-Volume. Windows 2000/NT: Diese Klasse steht nicht zur Verfügung.
`Win32_WMISetting`	Enthält die Betriebseigenschaften des WMI-Diensts. Diese Klasse kann nur eine Instanz besitzen, die es immer für ein Windows-System gibt und die nicht gelöscht werden kann. Zusätzliche Instanzen können nicht erstellt werden.

Ausgewählte COM-Objekte und deren Verwendung

Mit der PowerShell können Sie auf COM-Objekte zugreifen und mit ihnen arbeiten. In den folgenden Tabellen werden ausgewählte COM-Objekte aufgeführt und beschrieben.

Das folgende Beispiel veranschaulicht die Zusammenarbeit der PowerShell mit COM-Objekten. Darin wird mit dem Cmdlet *New-Object* und der Option `-ComObject` ein neues COM-Objekt angelegt, das dann mit der Eigenschaft `visible` sichtbar gemacht wird:

```
PS > $word = New-Object -ComObject "Word.Application"
PS > $word.Visible = $true
```

An dieser Stelle sollten Sie eine geöffnete Microsoft-Word-Anwendung sehen.

Weitere Informationen zu COM-Objekten und deren Eigenschaften und Methoden finden Sie auf den MSDN-Seiten von Microsoft.

Tabelle 55: COM-Bezeichner und Beschreibungen

Bezeichner	Beschreibung
`Access.Application`	Ermöglicht die Interaktion mit und die Automatisierung von Microsoft Access.
`ADODB.Command`	Kapselt einen Befehl auf eine ADO-Datenquelle.
`ADODB.Connection`	Liefert den Zugriff auf und die Interaktion mit ADO-Datenquellen.
`ADODB.RecordSet`	Liefert den Zugriff auf die Ergebnisse aus einer ADODB-Abfrage auf einen Datenbestand.
`ADOX.Catalog`	Bietet den Zugriff auf Datendefinitionen in ADO-Datenquellen.
`Agent.Control`	Ermöglicht die Steuerung von Microsoft Agent 3-D-animierten Figuren.
`AutoItX3.Control`	Bietet Zugriff auf die Windows-Automatisierung über das Administrationswerkzeug *AutoIt* (kein Standard).
`CDO.Configuration`	Bietet den Zugriff auf die Konfigurationsfelder, die von anderen CDO-COM-Objekten verwendet werden.

Tabelle 55: COM-Bezeichner und Beschreibungen (Forts.)

Bezeichner	Beschreibung
`CDO.Message`	Ermöglicht das Erstellen von und die Interaktion mit E-Mail-Nachrichten.
`CEnroll.CEnroll`	Bietet Zugriff auf die Zertifikat-Verwaltungsdienste.
`CertificateAuthority.Request`	Bietet den Zugriff auf die Anfrage an eine Zertifizierungsstelle.
`COMAdmin.COMAdminCatalog`	Bietet Zugriff und Verwaltung des Windows COM+-Katalogs.
`Excel.Application`	Ermöglicht die Interaktion mit und die Automatisierung von Microsoft Excel.
`Excel.Sheet`	Ermöglicht die Interaktion mit Microsoft Excel-Arbeitsblättern.
`HNetCfg.FwMgr`	Bietet Zugriff auf die Verwaltungsfunktionen der Windows-Firewall.
`HNetCfg.HNetShare`	Bietet Zugriff auf die Verwaltungsfunktionen des Windows Connection Sharing.
`HTMLFile`	Ermöglicht die Interaktion mit und die Bearbeitung von einem neuen Internet Explorer-Dokument.
`InfoPath.Application`	Ermöglicht die Interaktion mit und die Automatisierung von Microsoft InfoPath.
`InternetExplorer.Application`	Ermöglicht die Interaktion mit und die Automatisierung von Microsoft Internet Explorer.
`IXSSO.Query`	Ermöglicht die Interaktion mit Microsoft Index Server.
`IXSSO.Util`	Bietet Zugriff auf die Utilities, die zusammen mit dem `IXSSO.Query`-Objekt verwendet werden.
`LegitCheckControl.LegitCheck`	Bietet Zugriff auf die Informationen über den Windows Genuine Advantage-Status auf dem aktuellen Computer.
`MakeCab.MakeCab`	Bietet Funktionen, mit denen Cabinet-(*.cab*-)Dateien erzeugt und verwaltet werden können.
`MAPI.Session`	Bietet Zugriff auf MAPI-(Messaging Application Programming Interface-)Sitzungen, beispielsweise Ordner, Nachrichten oder das Adressbuch.

Tabelle 55: COM-Bezeichner und Beschreibungen (Forts.)

Bezeichner	Beschreibung
`Messenger.MessengerApp`	Ermöglicht die Interaktion mit und die Automatisierung von Messenger.
`Microsoft.FeedsManager`	Ermöglicht die Interaktion mit der Microsoft RSS Feed-Plattform.
`Microsoft.ISAdm`	Ermöglicht die Verwaltung von Microsoft Index Server.
`Microsoft.Update.AutoUpdate`	Ermöglicht die Verwaltung der Zeitplanung für die automatischen Updates von Microsoft Update.
`Microsoft.Update.Installer`	Ermöglicht die Installation von Updates von Microsoft Update.
`Microsoft.Update.Searcher`	Bietet Suchfunktionen für die Suche nach Updates von Microsoft Update.
`Microsoft.Update.Session`	Bietet Zugriff auf die lokalen Informationen über die Microsoft Update History.
`Microsoft.Update.SystemInfo`	Bietet Zugriff auf die Informationen über Microsoft Update auf dem aktuellen System.
`MMC20.Application`	Ermöglicht die Interaktion mit und die Automatisierung von Microsoft Management Console (MMC).
`MSScriptControl.ScriptControl`	Ermöglicht die Auswertung und Steuerung von WSH-Skripten.
`Msxml2.DOMDocument`	Ermöglicht die Interaktion mit XML-Dokumenten.
`Msxml2.FreeThreadedDOMDocument`	Ermöglicht die gleichzeitige Interaktion mit XML-Dokumenten aus mehreren Threads.
`Msxml2.XMLHTTP`	Bietet clientseitige Protokollunterstützung für die Kommunikation mit HTTP-Servern.
`Msxml2.XSLTemplate`	Ermöglicht die Verarbeitung von XSL-Transformationen.
`Outlook.Application`	Ermöglicht die Interaktion mit und die Automatisierung von E-Mails, Kalender- und Kontakteinträgen, Aufgaben etc. über Microsoft Outlook.
`OutlookExpress.MessageList`	Ermöglicht die Interaktion mit und eine Automatisierung von E-Mails über Microsoft Outlook Express.

Tabelle 55: COM-Bezeichner und Beschreibungen (Forts.)

Bezeichner	Beschreibung
`PowerPoint.Application`	Ermöglicht die Interaktion mit und Automatisierung von Microsoft PowerPoint.
`Publisher.Application`	Ermöglicht die Interaktion mit und Automatisierung von Microsoft Publisher.
`RDS.DataSpace`	Ermöglicht den Zugriff auf Proxies der Remote DataSpace-Geschäftsobjekte.
`SAPI.SpVoice`	Bietet Zugriff auf die Microsoft-Speech-API.
`Scripting.FileSystemObject`	Bietet den Zugriff auf das Dateisystem des Computers.
`Scripting.Signer`	Ermöglicht die Verwaltung von digitalen Signaturen in WSH-Dateien.
`Scriptlet.TypeLib`	Ermöglicht die dynamische Erstellung von Scripting Type Library-(*.tlb*-)Dateien.
`ScriptPW.Password`	Ermöglicht die maskierte Eingabe von Klartextkennwörtern.
`SharePoint.OpenDocuments`	Ermöglicht die Interaktion mit Microsoft Sharepoint Services.
`Shell.Application`	Ermöglicht den Zugriff auf Eigenschaften der Windows-Explorer-Shell-Anwendung, beispielsweise die Verwaltung von Fenstern, Dateien und Ordnern sowie der aktuellen Sitzung.
`Shell.LocalMachine`	Bietet den Zugriff auf Informationen über die aktuelle Maschine, die sich auf die Windows-Shell beziehen.
`Shell.User`	Bietet Zugriff auf Eigenschaften der Windows-Sitzung und des Profils des aktuellen Benutzers.
`SQLDMO.SQLServer`	Ermöglicht den Zugriff auf die Verwaltungsfunktionen von Microsoft SQL Server.
`Vim.Application`	Ermöglicht die Interaktion mit und die Automatisierung des VIM-Editors (kein Standard).
`WbemScripting.SWbemDateTime`	Bietet Funktionen, mit denen Datumsangaben im CIM-Format (wie es auch mit WMI verwendet wird) durchsucht und erstellt werden können.
`WbemScripting.SWbemLocator`	Baut eine Verbindung zum WMI-Dienst auf einem lokalen oder entfernten Computer auf.

Tabelle 55: COM-Bezeichner und Beschreibungen (Forts.)

Bezeichner	Beschreibung
`WIA.CommonDialog`	Bietet den Zugriff auf die Erfassung von Bildern über die Windows Image Acquisition-Funktionalitäten.
`WMPlayer.OCX`	Ermöglicht die Interaktion mit und Automatisierung von Windows Media Player.
`Word.Application`	Ermöglicht die Interaktion mit und Automatisierung von Microsoft Word.
`Word.Document`	Ermöglicht die Interaktion mit Microsoft Word-Dokumenten.
`WScript.Network`	Bietet den Zugriff auf Bereiche einer vernetzten Windows-Umgebung, beispielsweise Drucker und Netzwerklaufwerke, sowie Computer- und Domäneninformationen.
`WScript.Shell`	Bietet den Zugriff auf Bereiche der Windows-Shell, beispielsweise Anwendungen, Shortcuts, Umgebungsvariablen, Registry und Betriebsumgebung.
`WSHController`	Ermöglicht die Ausführung von WSH-Skripten auf entfernten Computern.

Active-Directory-Befehlsumwandlungen

Tabelle 56: AD-Befehle in PowerShell-Befehle ändern, Teil 1

CMD	Switch	Cmdlet	Module	Version
DCPROMO	none	Install-ADDSForest Install-ADDSDomain Install-ADDSDomainController Uninstall-ADDSDomainController	ADDSDeployment	2012

Tabelle 57: AD-Befehle in PowerShell-Befehle ändern, Teil 2

CMD	Switch	Cmdlet	Module	Version
CSVDE	none	Get-Object | Export-CSV	ActiveDirectory	2008R2
CSVDE	i	Import-CSV | New-ADObject	ActiveDirectory	2008R2

Tabelle 58: AD-Befehle in PowerShell-Befehle ändern, Teil 3

CMD	Switch	PowerShell-Cmdlet	Module	Version
DSGET	computer	Get-ADComputer	ActiveDirectory	2008 R2
DSGET	contact	Get-ADObject -LDAPFilter '(objectClass=contact)'	ActiveDirectory	2008 R2
DSGET	subnet	Get-ADReplicationSubnet	ActiveDirectory	2012
DSGET	group	Get-ADGroup	ActiveDirectory	2008 R2
DSGET	ou	Get-ADOrganizationalUnit	ActiveDirectory	2008 R2
DSGET	site	Get-ADReplicationSite	ActiveDirectory	2012
DSGET	server	Get-ADDomainController	ActiveDirectory	2008 R2
DSGET	user	Get-ADUser	ActiveDirectory	2008 R2
DSGET	quota	Get-ADObject -SearchBase (Get-ADDomain).QuotasContainer -Filter *	ActiveDirectory	2008 R2
DSGET	partition	Get-ADObject -SearchBase (Get-ADForest).PartitionsContainer -LDAPFilter '(objectClass=crossRef)'	ActiveDirectory	2008 R2

Tabelle 59: AD-Befehle in PowerShell-Befehle ändern, Teil 4

CMD	Switch	PowerShell-Cmdlet	Module	Version
DSQUERY	computer	Get-ADComputer Search-ADAccount	ActiveDirectory	2008 R2
DSQUERY	contact	Get-ADObject -LDAPFilter '(objectClass=contact)'	ActiveDirectory	2008 R2
DSQUERY	subnet	Get-ADReplicationSubnet	ActiveDirectory	2012
DSQUERY	group	Get-ADGroup	ActiveDirectory	2008 R2
DSQUERY	ou	Get-ADOrganizationalUnit	ActiveDirectory	2008 R2
DSQUERY	site	Get-ADReplicationSite	ActiveDirectory	2012
DSQUERY	server	Get-ADDomainController	ActiveDirectory	2008 R2
DSQUERY	user	Get-ADUser Search-ADAccount	ActiveDirectory	2008 R2
DSQUERY	quota	Get-ADObject -SearchBase (Get-ADDomain).QuotasContainer -Filter *	ActiveDirectory	2008 R2

Tabelle 59: AD-Befehle in PowerShell-Befehle ändern, Teil 4 (Forts.)

CMD	Switch	PowerShell-Cmdlet	Module	Version
DSQUERY	partition	Get-ADObject -SearchBase (Get-ADForest).PartitionsContainer -LDAPFilter '(objectClass=crossRef)'	ActiveDirectory	2008 R2
DSQUERY	*	Get-ADObject	ActiveDirectory	2008 R2

Tabelle 60: AD-Befehle in PowerShell-Befehle ändern, Teil 5

CMD	Switch	PowerShell-Cmdlet	Module	Version
DSADD	computer	New-ADComputer	ActiveDirectory	2008 R2
DSADD	contact	New-ADObject -Type contact	ActiveDirectory	2008 R2
DSADD	group	New-ADGroup	ActiveDirectory	2008 R2
DSADD	ou	New-ADOrganizationalUnit	ActiveDirectory	2008 R2
DSADD	user	New-ADUser	ActiveDirectory	2008 R2
DSADD	quota			

Tabelle 61: AD-Befehle in PowerShell-Befehle ändern, Teil 6

CMD	Switch	PowerShell Cmdlet	Module	Version
DSMOVE		Move-ADObjectRename-ADObject	ActiveDirectory	2008 R2

Tabelle 62: AD-Befehle in PowerShell-Befehle ändern, Teil 7

CMD	Switch	PowerShell-Cmdlet	Module	Version
DSMOD	computer	Set-ADComputer	ActiveDirectory	2008 R2
DSMOD	contact	Set-ADObject	ActiveDirectory	2008 R2
DSMOD	group	Set-ADGroup	ActiveDirectory	2008 R2
DSMOD	ou	Set-ADOrganizationalUnit	ActiveDirectory	2008 R2
DSMOD	server	Set-ADObject	ActiveDirectory	2008 R2
DSMOD	user	Set-ADUser	ActiveDirectory	2008 R2
DSMOD	quota	Set-ADObject	ActiveDirectory	2008 R2
DSMOD	partition	Set-ADObject	ActiveDirectory	2008 R2

Tabelle 63: AD-Befehle in PowerShell-Befehle ändern, Teil 8

CMD	Switch	PowerShell Cmdlet	Module	Version
DSRM		Remove-ADComputer Remove-ADGroup Remove-ADGroupMember Remove-ADUser Remove-ADOrganizationalUnit Remove-ADObject	ActiveDirectory	2008 R2

Tabelle 64: AD-Befehle in PowerShell-Befehle ändern, Teil 9

CMD	Switch	PowerShell-Cmdlet	Module	Version
DSACLS		Get-ACL Set-ACL	Microsoft. PowerShell. Security	2008 R2

Tabelle 65: AD-Befehle in PowerShell-Befehle ändern, Teil 10

CMD	Switch	PowerShell-Cmdlet	Module	Version
REPADMIN	/FailCache	Get-ADReplicationFailure	ActiveDirectory	2012
REPADMIN	/Queue	Get-ADReplicationQueue-Operation	ActiveDirectory	2012
REPADMIN	/ReplSingleObj	Sync-ADObject	ActiveDirectory	2012
REPADMIN	/ShowConn	Get-ADReplicationConnection	ActiveDirectory	2012
REPADMIN	/ShowObjMeta	Get-ADReplicationAttribute-Metadata	ActiveDirectory	2012
REPADMIN	/ReplSummary	Get-ADReplicationPartner-Metadata	ActiveDirectory	2012
REPADMIN	/ShowUTDVec	Get-ADReplicationUpTo-DatenessVectorTable	ActiveDirectory	2012
REPADMIN	/SiteOptions	Set-ADReplicationSite	ActiveDirectory	2012
REPADMIN	/ShowAttr	Get-ADObject	ActiveDirectory	2008 R2
REPADMIN	/SetAttr	Set-ADObject	ActiveDirectory	2008 R2

Tabelle 65: AD-Befehle in PowerShell-Befehle ändern, Teil 10 (Forts.)

CMD	Switch	PowerShell-Cmdlet	Module	Version
REPADMIN	/PRP	Get-ADDomainControllerPasswordReplicationPolicy Add-ADDomainControllerPasswordReplicationPolicy Remove-ADDomainControllerPasswordReplicationPolicy Get-ADAccountResultantPasswordReplicationPolicy Get-ADDomainControllerPasswordReplicationPolicyUsage	ActiveDirectory	2008 R2

Tabelle 66: AD-Befehle in PowerShell-Befehle ändern, Teil 11

CMD	Switch	PowerShell-Cmdlet	Module	Version
NLTEST	SC_RESET	Test-ComputerSecureChannel -Repair	Microsoft. PowerShell. Management	2012
NLTEST	SC_VERIFY	Test-ComputerSecureChannel	Microsoft. PowerShell. Management	2012
NLTEST	SC_CHANGE_PWD	Reset-ComputerMachinePassword	Microsoft. PowerShell. Management	2012
NLTEST	DCLIST	Get-ADDomainController	ActiveDirectory	2008 R2
NLTEST	DCNAME	Get-ADDomain | Select-Object PDCEmulator	ActiveDirectory	2008 R2
NLTEST	DSGETDC	Get-ADDomainController	ActiveDirectory	2008 R2
NLTEST	PARENT-DOMAIN	(Get-WMIObject Win32_ComputerSystem).Domain		
NLTEST	DOMAIN_TRUSTS	Get-ADTrust	ActiveDirectory	2012
NLTEST	SHUTDOWN	Stop-Computer	Microsoft. PowerShell. Management	2008 R2

Tabelle 67: AD-Befehle in PowerShell-Befehle ändern, Teil 12

CMD	Switch	PowerShell-Cmdlet	Module	Version
NETDOM	ADD	Add-Computer	Microsoft. PowerShell. Management	2012
NETDOM	COMPUTER-NAME	Rename-Computer	Microsoft. PowerShell. Management	2012
NETDOM	JOIN	Add-Computer	Microsoft. PowerShell. Management	2012
NETDOM	MOVE	Add-Computer	Microsoft. PowerShell. Management	2012
NETDOM	RESETPWD	Reset-ComputerMachinePass-word	Microsoft. PowerShell. Management	2012
NETDOM	REMOVE	Remove-Computer	Microsoft. PowerShell. Management	2012
NETDOM	RENAME-COMPUTER	Rename-Computer	Microsoft. PowerShell. Management	2012
NETDOM	RESET	Test-ComputerSecureChannel -Repair	Microsoft. PowerShell. Management	2012
NETDOM	VERIFY	Test-ComputerSecureChannel	Microsoft. PowerShell. Management	2012
NETDOM	QUERY WORKSTATION	Get-ADComputer -Filter "operatingSystem -notlike '*server*'	'"Active-Directory	2008 R2
NETDOM	QUERY SERVER	Get-ADComputer -Filter "operatingSystem -like '*server*	'"Active-Directory	2008 R2
NETDOM	QUERY DC	Get-ADDomainController	ActiveDirectory	2008 R2
NETDOM	QUERY OU	Get-ADOrganizationalUnit	ActiveDirectory	2008 R2
NETDOM	QUERY PDC	Get-ADDomain | Select-Object PDCEmulator	ActiveDirectory	2008 R2

Tabelle 67: AD-Befehle in PowerShell-Befehle ändern, Teil 12 (Forts.)

CMD	Switch	PowerShell-Cmdlet	Module	Version
NETDOM	QUERY FSMO	Get-ADForest | Select-Object DomainNamingMaster, SchemaMaster Get-ADDomain | Select-Object InfrastructureMaster, PDCEmulator, RIDMaster	ActiveDirectory	2008 R2
NETDOM	QUERY TRUST	Get-ADTrust	ActiveDirectory	2012

Tabelle 68: AD-Befehle in PowerShell-Befehle ändern, Teil 13

CMD	Switch	PowerShell-Cmdlet	Module	Version
GPUPDATE		Invoke-GPUpdate	GroupPolicy	2012
GPRESULT		Get-GPResultantSetOfPolicy	GroupPolicy	2008 R2

.NET-String-Formatierung

Das .NET Framework bietet umfangreiche Funktionen zur Formatierung von Zeichenketten. In den folgenden Abschnitten erfahren Sie, wie Sie numerische Zeichenketten und Darstellungen von Zeitangaben mit Datum und Uhrzeit mit sogenannten *Format-Strings* individuell an Ihre Bedürfnisse anpassen können.

String-Formatierungssyntax

Der Format-String, der vom Format-Operator (`-f`) unterstützt wird, ist eine Zeichenkette, die Formatelemente enthält. Jedes Formatelement nimmt die folgende Form an:

```
{Index[,Ausrichtung][:formatString]}
```

`<Index>` steht für einen von null ausgehenden Index des Elements im Objekt-Array, das dem Format-Operator folgt.

`<Ausrichtung>` ist optional und steht für die Ausrichtung des Elements. Eine positive Zahl richtet das Element auf der rechten Seite eines Felds mit der angegebenen Größe aus. Eine negative Zahl richtet das Element auf der linken Seite eines Felds mit der angegebenen Größe aus.

<formatString> ist optional und formatiert das Element mithilfe der angegebenen Format-String-Syntax dieses Typs (so wie es im Folgenden aufgeführt wird).

Beachten Sie bei den folgenden Beispielen, dass die PowerShell die Umsetzung der Tausendertrennzeichen und der Dezimalstelle den regionalen Einstellungen automatisch anpasst.

Numerische Standard-Format-Strings

Allen Formatierungsbezeichnern kann eine Zahl zwischen 0 und 99 folgen, um die Genauigkeit der Formatierung zu steuern.

Tabelle 69: Numerische Standard-Format-Strings

Formatierungsbezeichner	Name	Beschreibung

C oder c	Währung	Ein Währungsbetrag.
		`PS > "{0:C}" -f 1.23`
		`1,23 ?`

D oder d	Dezimal	Ein Dezimalbetrag (für ganzzahlige Typen). Der Genauigkeitsbezeichner steuert die minimale Anzahl der Stellen im Ergebnis.
		`PS > "{0:D4}" -f 2`
		`0002`

E oder e	Exponential	Wissenschaftliche (exponentiale) Notation. Der Genauigkeitsbezeichner steuert die Anzahl der Stellen nach dem Komma.
		`PS > "{0:E3}" -f [Math]::Pi`
		`3,142E+000`

F oder f	Festkomma	Festkomma-Notation. Der Genauigkeitsbezeichner steuert die Anzahl der Stellen nach dem Komma.
		`PS > "{0:F3}" -f [Math]::Pi`
		`3,142`

G oder g	Allgemein	Die kompakteste Darstellung (zwischen Festkomma und Exponential) der Zahl. Der Genauigkeitsbezeichner steuert die Anzahl der wesentlichen Stellen.
		`PS > "{0:G3}" -f [Math]::Pi`
		`3,14`
		`PS > "{0:G3}" -f 1mb`
		`1,05E+06`

Tabelle 69: Numerische Standard-Format-Strings (Forts.)

Formatierungs-bezeichner	Name	Beschreibung

N oder n	Zahl	Die menschenlesbare Form der Zahl, die Trennzeichen zwischen den Zahlengruppen enthält. Der Genauigkeitsbezeichner steuert die Anzahl der Stellen nach dem Komma.
		`PS > "{0:N4}" -f 1mb`
		`1.048.576,0000`

P oder p	Prozent	Die Zahl (normalerweise zwischen 0 und 1) repräsentiert einen Prozentsatz. Der Genauigkeitsbezeichner steuert die Anzahl der Stellen nach dem Komma.
		`PS > "{0:P4}" -f 0.67`
		`67,0000 %`

R oder r	Round-trip	Die Single- oder Double-Zahl wird mit einer Genauigkeit formatiert, die garantiert, dass die Zeichenkette (wenn sie durchsucht wird) wieder die ursprüngliche Zahl ergibt.
		`PS > "{0:R}" -f (1mb/2.0)`
		`524288`
		`PS > "{0:R}" -f (1mb/9.0)`
		`116508,44444444444`

X oder x	Hexadezimal	Eine Zahl, die in eine Zeichenkette mit hexadezimalen Zahlen konvertiert wurde. Der Bezeichner steuert die daraus resultierenden hexadezimalen Stellen. Die Groß- und Kleinschreibung des Bezeichners steuert auch die Groß- und Kleinschreibung der sich daraus ergebenden hexadezimalen Stellen. Der Genauigkeitsbezeichner steuert die minimale Anzahl der Stellen in der entstehenden Zeichenkette.
		`PS > "{0:X4}" -f 1324`
		`052C`

Angepasste numerische Format-Strings

Sie können auch individuell angepasste numerische Zeichenketten einsetzen, um Zahlen auf eine Art und Weise zu formatieren, die nicht von den Standard-Format-Strings unterstützt wird.

Tabelle 70: Angepasste numerische Format-Strings

Formatierungs-bezeichner	Name	Beschreibung

0	Null-Platzhalter	Gibt Genauigkeit und Länge eines Zahlen-Strings an. Nullen, die nicht mit Stellen in der Originalzahl übereinstimmen, werden als Nullen ausgegeben.
		`PS > "{0:00.0}" -f 4.12341234`
		`04,1`

#	Zahlen-Platzhalter	Gibt Genauigkeit und Länge eines Zahlen-Strings an. #-Symbole, die nicht mit Stellen der Eingabezahl übereinstimmen, werden nicht ausgegeben.
		`PS > "{0:##.#}" -f 4.12341234`
		`4,1`

.	Kommastelle	Legt fest, wo die Kommastelle gesetzt wird.
		`PS > "{0:##.#}" -f 4.12341234`
		`4,1`

,	Tausenderzeichen	Wenn er in einer Formatierungszeichenkette zwischen einen Null- oder Zahlen-Platzhalter vor der Kommastelle gesetzt wird, wird das Trennzeichen zwischen den Zahlengruppen hinzugefügt.
		`PS > "{0:#,#.#}" -f 1234.121234`
		`1.234,1`

,	Zahlenskalierung	Wenn er vor einer literalen (oder impliziten) Kommastelle gesetzt wird, wird die Eingabe durch 1000 geteilt. Sie können diesen Formatierungsbezeichner mehrmals verwenden.
		`PS > "{0:##,,.000}" -f 1048576`
		`1,049`

%	Prozent-Platzhalter	Multipliziert die Eingabe mit 100 und fügt das Prozentzeichen dort ein, wo es im Formatierungsbezeichner vorkommt.
		`PS > "{0:%##.000}" -f .68`
		`%68,000`

E0
E+0
E-0
e0
e+0
e-0
	Exponential-Notation	Zeigt die Eingabe in Exponentialschreibweise an. Die Anzahl der Nullen, die dem E folgen, legt die minimale Länge des Exponentialfelds fest.
		`PS > "{0:##.#E000}" -f 2.71828`
		`27,2E-001`

Tabelle 70: Angepasste numerische Format-Strings (Forts.)

Formatierungs-bezeichner	Name	Beschreibung

`'Text'` `"Text"`	Literaler String	Fügt den angegebenen Text literal in die Ausgabe ein, ohne Auswirkungen auf die Formatierung.
		`PS > "{0:#.00'##'}" -f 2.71828`
		`2,72##`

`;`	Abschnittstrenner	Ermöglicht eine bedingte Formatierung.
		Wenn Ihr Formatierungsbezeichner keine Abschnittstrennzeichen enthält, gilt die Formatierungsanweisung für die gesamte Eingabe.
		Wenn Ihr Formatierungsbezeichner ein Trennzeichen enthält (und damit zwei Abschnitte einrichtet), gilt der erste Abschnitt für positive Zahlen und die Null. Der zweite Abschnitt gilt für negative Zahlen.
		Wenn Ihr Formatierungsbezeichner zwei Trennzeichen enthält (und damit drei Abschnitte einrichtet), gelten die Abschnitte für positive Zahlen, negative Zahlen und die Null.
		`PS > "{0:POS;NEG;NULL}" -f -14`
		`NEG`

Weitere	Weitere Zeichen	Fügt den angegebenen Text literal in die Eingabe ein, ohne die Formatierung zu beeinflussen.
		`PS > "{0:## EUR Bitte}" -f 14`
		`14 EUR Bitte`

Standard-Format-Strings für DateTime

Konvertiert ein `DateTime`-Objekt in eines von mehreren Standardformaten.

Tabelle 71: Standard-Format-Strings für DateTime

Formatierungs-bezeichner	Name	Beschreibung

`d`	Kurzes Datum	Das kurze Datumsformat aus den regionalen Einstellungen.
		`PS > "{0:d}" -f [DateTime] "01/23/4567"`
		`23.01.4567`

Tabelle 71: Standard-Format-Strings für DateTime (Forts.)

Formatierungs-bezeichner	Name	Beschreibung

`D`	Langes Datum	Das lange Datumsformat aus den regionalen Einstellungen.
		`PS > "{0:D}" -f [DateTime] "01/23/4567"`
		`Freitag, 23. Januar 4567`

`f`	Vollständiges Datum/ kurze Uhrzeit	Kombiniert die Formatmuster langes Datum und kurze Uhrzeit.
		`PS > "{0:f}" -f [DateTime] "01/23/4567"`
		`Freitag, 23. Januar 4567 00:00`

`F`	Vollständiges Datum/ lange Uhrzeit	Kombiniert die Formatmuster langes Datum und lange Uhrzeit.
		`PS > "{0:F}" -f [DateTime] "01/23/4567"`
		`Freitag, 23. Januar 4567 00:00:00`

`g`	Allgemeines Datum / kurze Uhrzeit	Kombiniert die Formatmuster kurzes Datum und kurze Uhrzeit. `PS > "{0:g}" -f [DateTime] "01/23/4567" 23.01.4567 00:00`

`G`	Allgemeines Datum/ lange Uhrzeit	Kombiniert die Formatmuster kurzes Datum und lange Uhrzeit.
		`PS > "{0:G}" -f [DateTime] "01/23/4567"`
		`23.01.4567 00:00:00`

`M oder m`	Monatstag	Das Format für den Monatstag.
		`PS > "{0:M}" -f [DateTime] "01/23/4567"`
		`23 Januar`

`o`	Round-trip Datum/ Zeit	Das Datum wird mit einem Muster formatiert, das sicherstellt, dass die Zeichenkette (wenn sie durchsucht wird) wieder im ursprünglichen `DateTime` vorliegt.
		`PS > "{0:o}" -f [DateTime] "01/23/4567"`
		`4567-01-23T00:00:00.0000000`

Tabelle 71: Standard-Format-Strings für DateTime (Forts.)

Formatierungs-bezeichner	Name	Beschreibung

`R` oder `r`	RFC1123	Das RFC1123-Standardformatmuster.
		`PS > "{0:R}" -f [DateTime] "01/23/4567"`
		`Fri, 23 Jan 4567 00:00:00 GMT`

`s`	Sortierbar	Sortierbares Formatmuster. Entspricht ISO 8601 und bietet ein Format, das gut durchsucht werden kann.
		`PS > "{0:s}" -f [DateTime] "01/23/4567"`
		`4567-01-23T00:00:00`

`t`	Kurze Uhrzeit	Das kurze Zeitformat gemäß den Ländereinstellungen.
		`PS > "{0:t}" -f [DateTime] "01/23/4567"`
		`00:00`

`T`	Lange Uhrzeit	Das lange Zeitformat gemäß den Ländereinstellungen.
		`PS > "{0:T}" -f [DateTime] "01/23/4567"`
		`00:00:00`

`u`	Universale Sortierbarkeit	Das `UniversalSortableDateTime`-Format gemäß den Ländereinstellungen, das auf die UTC-Entsprechung der Eingabe angewandt wird.
		`PS > "{0:u}" -f [DateTime] "01/23/4567"`
		`4567-01-23 00:00:00Z`

`U`	Universale Sortierbarkeit	Das `FullDateTime`-Format gemäß den Ländereinstellungen wird auf die UTC-Entsprechung der Eingabe angewandt.
		`PS > "{0:U}" -f [DateTime] "01/23/4567"`
		`Donnerstag, 22. Januar 4567 23:00:00`

`Y` oder `y`	Jahr und Monat	Das Jahr-Monat-Format entsprechend den Ländereinstellungen.
		`PS > "{0:Y}" -f [DateTime] "01/23/4567"`
		`Januar 4567`

Angepasste DateTime-Format-Strings

Sie können individuell angepasste `DateTime`-Format-Strings einsetzen, um damit Datumsangaben so zu formatieren, wie das mit den Standard-Format-Strings nicht möglich ist. Anmerkung: Formatierungsbezeichner mit einem Zeichen werden als `DateTime`-Standard-Format-String interpretiert, wenn sie nicht zusammen mit anderen Formatierungsbezeichnern verwendet werden.

Tabelle 72: Angepasste DateTime-Format-Strings

Formatierungs-bezeichner	Beschreibung	Beispiel
`d`	Monatstag als Zahl zwischen 1 und 31. Stellt Tage mit einstelliger Ziffer ohne führende Null dar.	`PS > "{0:d dd ddd dddd}" -f [DateTime] "01/02/4567"` `2 02 Fr Freitag`
`dd`	Monatstag als Zahl zwischen 01 und 31. Stellt Tage mit einstelliger Ziffer mit führender Null dar.	`PS > "{0:d dd ddd dddd}" -f [DateTime] "01/02/4567"` `2 02 Fr Freitag`
`ddd`	Abgekürzter Name des Wochentags.	`PS > "{0:d dd ddd dddd}" -f [DateTime] "01/02/4567"` `2 02 Fr Freitag`
`dddd`	Vollständiger Name des Wochentags.	`PS > "{0:d dd ddd dddd}" -f [DateTime] "01/02/4567"` `2 02 Fr Freitag`
`f`	Die wichtigste Ziffer aus dem Sekundenbereich.	`PS > "{0:f ff fff ffff}" -f [DateTime] "01/02/4567"` `0 00 000 0000`
`ff`	Die zwei wichtigsten Ziffern aus dem Sekundenbereich.	`PS > "{0:f ff fff ffff}" -f [DateTime] "01/02/4567"` `0 00 000 0000`
`fff`	Die drei wichtigsten Ziffern aus dem Sekundenbereich.	`PS > "{0:f ff fff ffff}" -f [DateTime] "01/02/4567"` `0 00 000 0000`
`ffff`	Die vier wichtigsten Ziffern aus dem Sekundenbereich.	`PS > "{0:f ff fff ffff}" -f [DateTime] "01/02/4567"` `0 00 000 0000`

Tabelle 72: Angepasste DateTime-Format-Strings (Forts.)

Formatierungsbezeichner	Beschreibung	Beispiel
`fffff`	Die fünf wichtigsten Ziffern aus dem Sekundenbereich.	`PS > "{0:fffff ffffff fffffff}" -f [DateTime] "01/02/4567"` `00000 000000 0000000`
`ffffff`	Die sechs wichtigsten Ziffern aus dem Sekundenbereich.	`PS > "{0:fffff ffffff fffffff}" -f [DateTime] "01/02/4567"` `00000 000000 0000000`
`fffffff`	Die sieben wichtigsten Ziffern aus dem Sekundenbereich.	`PS > "{0:fffff ffffff fffffff}" -f [DateTime] "01/02/4567"` `00000 000000 0000000`

`F`	Die wichtigste Ziffer aus dem Sekundenabschnitt. Zeigt nichts an, wenn die Zahl null ist.	`PS > "{0:F FF FFF FFFF}" -f [DateTime]::Now`
		`6 66 669 6696`
		`PS > "{0:|F FF FFF FFFF|}" -f [DateTime] "01/02/4567"`
		`|   |`

`FF`	Die zwei wichtigsten Zeichen aus dem Sekundenabschnitt. Zeigt nichts an, wenn die Zahl null ist.	`PS > "{0:F FF FFF FFFF}" -f [DateTime]::Now`
		`6 66 669 6696`
		`PS > "{0:|F FF FFF FFFF|}" -f [DateTime] "01/02/4567"`
		`|   |`

`FFF`	Die drei wichtigsten Zeichen aus dem Sekundenabschnitt. Zeigt nichts an, wenn die Zahl null ist.	`PS > "{0:F FF FFF FFFF}" -f [DateTime]::Now`
		`6 66 669 6696`
		`PS > "{0:|F FF FFF FFFF|}" -f [DateTime] "01/02/4567"`
		`|   |`

`FFFF`	Die vier wichtigsten Zeichen aus dem Sekundenabschnitt. Zeigt nichts an, wenn die Zahl null ist.	`PS > "{0:F FF FFF FFFF}" -f [DateTime]::Now`
		`6 66 669 6696`
		`PS > "{0:|F FF FFF FFFF|}" -f [DateTime] "01/02/4567"`
		`|   |`

`FFFFF`	Die fünf wichtigsten Zeichen aus dem Sekundenabschnitt. Zeigt nichts an, wenn die Zahl null ist.	`PS > "{0:FFFFF FFFFFF FFFFFFF}" -f [DateTime]::Now`
		`1071 107106 1071068`
		`PS > "{0:|FFFFF FFFFFF FFFFFFF|}" -f [DateTime] "01/02/4567"`
		`|  |`

Tabelle 72: Angepasste DateTime-Format-Strings (Forts.)

Formatierungs-bezeichner	Beschreibung	Beispiel

`FFFFFF`	Die sechs wichtigsten Zeichen aus dem Sekundenabschnitt. Zeigt nichts an, wenn die Zahl null ist.	`PS > "{0:FFFFF FFFFFF FFFFFFF}" -f [DateTime]::Now`
		`1071 107106 1071068`
		`PS > "{0:|FFFFF FFFFFF FFFFFFF|}" -f [DateTime] "01/02/4567"`
		`| |`

`FFFFFFF`	Die sieben wichtigsten Zeichen aus dem Sekundenabschnitt. Zeigt nichts an, wenn die Zahl null ist.	`PS > "{0:FFFFF FFFFFF FFFFFFF}" -f [DateTime]::Now`
		`1071 107106 1071068`
		`PS > "{0:|FFFFF FFFFFF FFFFFFF|}" -f [DateTime] "01/02/4567"`
		`| |`

g oder gg	Ära (also n. Chr.).	`PS > "{0:gg}" -f [DateTime] "01/02/4567"` `n. Chr.`
`h`	Die Stunden als Zahl zwischen 1 und 12. Einstellige Zahlen erhalten keine führende Null.	`PS > "{0:%h}" -f [DateTime] "01/02/4567 4:00pm"` `4`
`hh`	Die Stunden als Zahl zwischen 01 und 12. Einstellige Zahlen erhalten eine führende Null. Anmerkung: Dies wird als `DateTime`-Standard-Format-String interpretiert, wenn es nicht zusammen mit einem anderen Formatierungsbezeichner verwendet wird.	`PS > "{0:hh}" -f [DateTime] "01/02/4567 4:00pm"` `04`
`H`	Die Stunden als Zahl zwischen 0 und 23. Einstellige Ziffern erhalten keine führende Null.	`PS > "{0:%H}" -f [DateTime] "01/02/4567 4:00pm"` `16`

Tabelle 72: Angepasste DateTime-Format-Strings (Forts.)

Formatierungs-bezeichner	Beschreibung	Beispiel
HH	Die Stunden als Zahl zwischen 00 und 23. Einstellige Zahlen erhalten eine führende Null.	`PS > "{0:HH}" -f [DateTime] "01/02/4567 4:00am"` `04`
K	`DateTime.Kind`-Bezeichner, der der Art des Eingabedatums (Local, UTC oder Unspecified) entspricht.	`PS > "{0: K}" -f [DateTime]::Now.ToUniversalTime()` `Z`
m	Die Minute als Zahl zwischen 0 und 59. Einstellige Zahlen erhalten keine führende Null.	`PS > "{0: m}" -f [DateTime]::Now` `7`
mm	Die Minute als Zahl zwischen 00 und 59. Einstellige Zahlen erhalten eine führende Null.	`PS > "{0:mm}" -f [DateTime]::Now` `08`
M	Der Monat als Zahl zwischen 1 und 12. Einstellige Zahlen erhalten keine führende Null.	`PS > "{0:M MM MMM MMMM}" -f [DateTime] "01/02/4567"` `1 01 Jan Januar`
MM	Der Monat als Zahl zwischen 01 und 12. Einstellige Zahlen erhalten eine führende Null.	`PS > "{0:M MM MMM MMMM}" -f [DateTime] "01/02/4567"` `1 01 Jan Januar`
MMM	Der abgekürzte Monatsname.	`PS > "{0:M MM MMM MMMM}" -f [DateTime] "01/02/4567"` `1 01 Jan Januar`
MMMM	Der vollständige Monatsname.	`PS > "{0:M MM MMM MMMM}" -f [DateTime] "01/02/4567"` `1 01 Jan Januar`

Tabelle 72: Angepasste DateTime-Format-Strings (Forts.)

Formatierungs-bezeichner	Beschreibung	Beispiel
`s`	Die Sekunden als Zahl zwischen 0 und 59. Einstellige Zahlen erhalten keine führende Null.	`PS > "{0:s ss}" -f [DateTime]::Now` `3 03`
`ss`	Die Sekunden als Zahl zwischen 00 und 59. Einstellige Zahlen erhalten eine führende Null.	`PS > "{0:s ss}" -f [DateTime]::Now` `3 03`
`t`	Das erste Zeichen der A.M./P.M.-Tageszeitzuweisung. (Muss über die Regions- und Sprachoptionen in der Systemsteuerung konfiguriert werden.)	`PS > "{0:t tt}" -f [DateTime]::Now` `A AM`
`tt`	A.M./P.M.-Tageszeitzuweisung. (Muss über die Regions- und Sprachoptionen in der Systemsteuerung konfiguriert werden.)	`PS > "{0:t tt}" -f [DateTime]::Now` `A AM`
`y`	Das Jahr in (maximal) zwei Stellen.	`PS > "{0:y yy yyy yyyy yyyyy}" -f [DateTime] "01/02/4567"` `67 67 4567 4567 04567`
`yyy`	Das Jahr in (maximal) drei Stellen.	`PS > "{0:y yy yyy yyyy yyyyy}" -f [DateTime] "01/02/4567"` `67 67 4567 4567 04567`
`yyyy`	Das Jahr in (maximal) vier Stellen.	`PS > "{0:y yy yyy yyyy yyyyy}" -f [DateTime] "01/02/4567"` `67 67 4567 4567 04567`
`yyyyy`	Das Jahr in (maximal) fünf Stellen.	`PS > "{0:y yy yyy yyyy yyyyy}" -f [DateTime] "01/02/4567"` `67 67 4567 4567 04567`

Tabelle 72: Angepasste DateTime-Format-Strings (Forts.)

Formatierungs-bezeichner	Beschreibung	Beispiel
`z`	Mit Vorzeichen versehene Zeitzonenverschiebung zu GMT. Enthält keine führende Null.	`PS > "{0:z zz zzz}" -f [DateTime]::Now` `+1 +01 +01:00`
`zz`	Mit Vorzeichen versehene Zeitzonenverschiebung zu GMT. Enthält eine führende Null.	`PS > "{0:z zz zzz}" -f [DateTime]::Now` `+1 +01 +01:00`
`zzz`	Mit Vorzeichen versehene Zeitzonenverschiebung zu GMT, gemessen in Stunden und Minuten.	`PS > "{0:z zz zzz}" -f [DateTime]::Now` `+1 +01 +01:00`
`:`	Trennzeichen für die Zeitangabe.	`PS > "{0:y/m/d h:m:s}" -f [DateTime] "01/02/4567 4:00pm"` `67.0.2 4:0:0`
`/`	Datumstrennzeichen.	`PS > "{0:y/m/d h:m:s}" -f [DateTime] "01/02/4567 4:00pm"` `67.0.2 4:0:0`
`"Text"` `'Text'`	Fügt den angegebenen Text literal in die Ausgabe ein, ohne die Formatierung zu beeinflussen.	`PS > "{0:'Tag: 'dddd}" -f [DateTime]::Now` `Tag: Freitag`
`%c`	Mit dieser Syntax können einzelnen Zeichen individuelle Formatierungsbezeichner zugewiesen werden. Das %-Zeichen erscheint nicht in der Ausgabe.	`PS > "{0:%h}" -f [DateTime] "01/02/4567 4:00pm"` `4`

Tabelle 72: Angepasste DateTime-Format-Strings (Forts.)

Formatierungs-bezeichner	Beschreibung	Beispiel
Weitere	Fügt den angegebenen Text literal in die Ausgabe ein, ohne die Formatierung zu beeinflussen.	`PS > "{0:dddd!}" -f [DateTime]::Now` `Freitag!`

Standardverben der PowerShell

Cmdlets und Skripte sollen der Verb-Substantiv-Syntax entsprechen wie z.B. bei `Get-ChildItem`. Verben sollen in der Gegenwartsform und Substantive in der Einzahl verwendet werden.

Häufig verwendete Standardverben

Tabelle 73: Häufig verwendete Standardverben der Windows PowerShell

Verb	Bedeutung	Synonyme
`Add`	Fügt eine Ressource an einen Container an oder ein Element an ein anderes Element.	Append, Attach, Concatenate, Insert
`Clear`	Entfernt alle Elemente aus einem Container.	Flush, Erase, Release, Unmark, Unset, Nullify
`Copy`	Kopiert eine Ressource in einen anderen Namen oder in einen anderen Container.	Duplicate, Clone, Replicate
`Get`	Holt Daten.	Read, Open, Cat, Type, Dir, Obtain, Dump, Acquire, Examine, Find, Search
`Lock`	Sperrt eine Ressource.	Restrict, Bar
`Move`	Verschiebt eine Ressource.	Transfer, Name, Migrate
`New`	Erstellt eine neue Ressource.	Create, Generate, Build, Make, Allocate
`Remove`	Entfernt eine Ressource aus einem Container.	Delete, Kill
`Rename`	Gibt einer Ressource einen neuen Namen.	Ren, Swap
`Set`	Setzt Daten.	Write, Assign, Configure
`Unlock`	Entsperrt eine Ressource.	Free, Unrestrict

Standardverben für die Kommunikation

Tabelle 74: Standardverben für die Kommunikation

Verb	Bedeutung	Synonyme
`Connect`	Verbindet eine Quelle mit einem Ziel.	Join, Telnet
`Disconnect`	Löst die Verbindung von einer Quelle mit einem Ziel.	Break, Logoff
`Receive`	Holt sich Informationen von einer Quelle.	Read, Accept, Peek
`Send`	Schreibt Informationen auf ein Ziel.	Put, Broadcast, Mail

Standardverben für Daten

Tabelle 75: Standardverben für Daten

Verb	Bedeutung	Synonyme
`Backup`	Sichert Daten.	Save, Burn
`Checkpoint`	Erstellt einen Snapshot des aktuellen Zustands von Daten oder deren Konfiguration.	Diff, StartTransaction
`Compare`	Vergleicht eine Ressource mit einer anderen Ressource.	Diff, Bc
`Convert`	Ändert von einer Darstellung zu einer anderen, wenn das Cmdlet bidirektionale Konvertierung oder Konvertierung mehrerer Datentypen unterstützt.	Change, Resize, Resample
`ConvertFrom`	Konvertiert von einem primären Eingabeformat auf mehrere unterstützte Ausgabeformate.	Export, Output, Out
`ConvertTo`	Konvertiert von mehreren unterstützten Eingabeformaten in ein primäres Ausgabeformat.	Import, Input, In
`Import`	Macht aus einem Sicherungsspeicher oder aus einem Austauschformat eine primäre Ausgaberessource.	Load, Read
`Export`	Speichert die primäre Eingaberessource in einem Sicherungsspeicher oder in einem Austauschformat.	Extract, Backup
`Initialize`	Bereitet eine Ressource für den Einsatz vor und initialisiert sie in einem Standardzustand.	Setup, Renew, Rebuild
`Limit`	Wendet auf einer Ressource Constraints (Einschränkungen) an.	Quota, Enforce

Tabelle 75: Standardverben für Daten (Forts.)

Verb	Bedeutung	Synonyme
`Merge`	Erstellt aus mehreren Datenbeständen eine einzige Dateninstanz.	Combine, Join
`Restore`	Stellt eine Ressource aus einer Reihe von Bedingungen wieder her, die vordefiniert oder durch einen Checkpoint gesetzt wurden.	Repair, Return, Fix
`Update`	Aktualisiert eine Ressource oder lädt sie neu.	Refresh, Renew, Index

Standardverben für die Diagnose

Tabelle 76: Standardverben für die Diagnose

Verb	Bedeutung	Synonyme
`Debug`	Untersucht eine Ressource und ermittelt Betriebsprobleme.	Attach, Diagnose
`Measure`	Ermittelt Ressourcen, die von einer Operation verbraucht werden, oder holt Statistiken über eine Ressource.	Calculate, Determine, Analyze
`Ping`	Stellt fest, ob eine Ressource aktiv ist und antwortet. In den meisten Instanzen sollte dieses Verb durch `Test` ersetzt werden.	Connect, Debug
`Resolve`	Bildet eine Kurzdarstellung auf einer vollständigen Darstellung ab.	Expand, Determine
`Test`	Überprüft die Gültigkeit oder Konsistenz einer Ressource.	Diagnose, Verify, Analyze
`Trace`	Folgt den Aktivitäten einer Ressource.	Inspect, Dig

Standardverben für den Lifecycle

Tabelle 77: Standardverben für den Lifecycle

Verb	Bedeutung	Synonyme
`Disable`	Konfiguriert ein Element so, dass es nicht zur Verfügung steht.	Halt, Hide
`Enable`	Konfiguriert ein Element so, dass es zur Verfügung steht.	Allow, Permit
`Install`	Legt eine Ressource am angegebenen Speicherort ab und initialisiert sie optional.	Setup, Configure

Tabelle 77: Standardverben für den Lifecycle (Forts.)

Verb	Bedeutung	Synonyme
`Restart`	Stoppt eine Operation und startet sie erneut.	Recycle, Hup
`Resume`	Startet eine Operation, nachdem sie unterbrochen wurde.	Continue
`Start`	Startet eine Aktivität.	Launch, Initiate
`Stop`	Beendet eine Aktivität.	Halt, End, Discontinue
`Suspend`	Hält eine Operation an, bricht sie aber nicht ab.	Pause, Sleep, Break
`Uninstall`	Entfernt eine Ressource von einem angegebenen Speicherort.	Remove, Clear, Clean

Standardverben für Sicherheit

Tabelle 78: Standardverben für die Sicherheit

Verb	Bedeutung	Synonyme
`Block`	Beschränkt den Zugriff auf eine Ressource.	Prevent, Limit, Deny
`Grant`	Gewährt den Zugriff auf eine Ressource.	Allow, Enable
`Revoke`	Entfernt den Zugriff auf eine Ressource.	Remove, Disable
`Unblock`	Entfernt eine Zugriffsbeschränkung für eine Ressource.	Clear, Allow

Index

O

P

Q

R

S